고객심리학

Customer Psychology

고객 · 고객행동 · 고객만족

고객심리학

권혁률 · 조인환 공저

(주)백산출판사

고객

고객행동

고객만족

고객만이 세상을 변화시킨다

책머리에

우리는 매일 무언가를 구입하고 소비하면서 살아간다. 누구나 경제활동에 참여하고 있는 것이다. 이런 과정에서 사람은 고객으로 대우받으며 자신이 원하는 제품과 서비스를 이용한다. 그러나 급변하는 환경 속에서 고객의 심리는 점점 복잡해지고 까다로워지고 있다. 때문에 기업에서는 이러한 고객 활동에 대해 더욱 자세히 알고 있어야만 자사의 제품과 서비스를 영속적으로 판매할 수 있다. 신제품을 개발하여 시장에 내놓으면 무조건 팔릴 거라는 상상은 아주 오래전의 발상이다. 기업운영에 있어 핵심은 고객을 이해하는 것이다. 그리고 그들의 행동을 이해해야만 한다.

우리의 행동은 자신도 모르는 사이에 동기를 유발하면서 비롯된다. 독일 철학자 쇼펜하우어(Arthur Schopenhauer)는 "인간의 모든 행동에는 동기가 존재한다"고 했다. 이렇듯 특정 서비스 혹은 제품을 구매하는 행동에는 그만한 동기가 있기 때문이다. 즉 행동을 일으키게 하는 계기가 필요하다. 하지만 현대인들은 이러한 계기를 마련하는 데 여러 가지 복잡한 과정을 거치게 된다. 사람의 욕구가 그렇게 만들고 있는 것이다. 욕구와 동기는 매우 밀접한 관계로 얽혀 있다. 욕구가 직접 어떤 행동을 일으키는 원동력이 될 때를 동인(drive)이라고 하는데 이러한 동인은 행동을 목표로 할 때 동기라고도 한다. 사람은 욕구를 바탕으로 그것을 해결하고자 하는 추진력이 생기고 이러한 추진력이 동기이며 동기는 곧 행동으로 옮겨지는 계기가 된다.

물론 사람이 어떠한 행동을 하는 데 있어 동기만이 이유가 될 수는 없다. 특히 특정 서비스나 제품을 구매할 경우에는 더욱 그렇다. 때문에 학자들은 구매행동에 영향을 미치는 요인들을 연구하였으며, 그 결과를 외적 요인과 내적 요인으로 크게 분류시켜 놓았다. 외적 요인은 환경적 요인, 그리고 내적 요인은 개인적 요인이라고도 한다. 이 두 분류 속에는 각각의 여러 요인들이 존재하는데 이 책에서는 중요하게 언급되는 요인들만 수록하였다. 더불어 고객행동의 개념에는 고객의 구매 의사결정과정이 포함된다. 이처럼 고객 자신이 어떠한 서비스나 제품을 이용, 구매하기까지는 다양한 요인들로부터 영향을 받는다. 매우 중요한 것을 결정할 경우에는 더욱 복잡한 심리적 현상을 나타낸다. 따라서 고객들은 단순히 매장에 진열해 놓은 상품을 구입하는 것이 아니다.

고객은 '가치'를 구매하고 이용한다. 때문에 기업은 그들이 자사의 상품을 구매할 수밖에 없는 이유를 만들어야 한다. 그렇게 하기 위해서는 '고객가치'를 파악하는 것이 필요하다. 고객가치를 이해하는 것은 고객들이 특정 제품 및 서비스를 선택하는 이유를 이해하는 것이다. 고객이 원하는 가치 있는 제품과 서비스를 만들어내기까지는 고객가치를 정의하고 결정하는 복잡한 과정을 거쳐야만 한다.

'마케팅은 제품 싸움이 아니라 인식의 싸움'이라는 말이 있다. 고객에게 자사의 브랜드를 인식시키기 위해선 브랜드 콘셉트가 필요하다. 고객들의 행동을 관찰하고 고객들의 입장에서 생각하다 보면 그들에게 필요한 것이 무엇인지 인지할 수 있다.

이처럼 고객행동은 고객이 밖으로 드러내 보이는 행동뿐만 아니라 고객이 지닌 내부적 심리를 포함하고 있다. 따라서 고객행동을 이해하는 데는 여러 학문의 접근이 필요하다. 고객행동은 인간의 행동연구로서 심리학뿐만 아니라 사회학, 문화인류학, 경제학 등 다양한 학문을 통합하고 있기 때문이다.

이 책은 모두 4부로 구성하였다. 1부는 고객 이해하기, 2부는 고객행동 이해하기, 3부는 고객 의사결정 이해하기, 그리고 4부는 고객만족 이해하기로 나뉘어 있다. 저자는 각종 문헌들을 참고하면서 '소비자'를 '고객'으로 바꾸어 표기하였음을 밝혀둔다. 그리고 가능한 쉽게 이해할 수 있도록 구성하였다. 그런 이유로 깊이 있는 지식을 담지 못하였으며 심리적인 용어를 쉽게 표현하기가 그리 간단하지는 않았다. 아무쪼록 이 책이 고객에 관한 전반적인 이해를 하고자 하는 분들께 많은 도움이 되기를 희망한다. 그리고 이 책이 완성되기까지 도움을 주신 많은 분들께 감사의 인사를 드린다. 감사합니다.

2020년 8월
저자 일동

목차

■ 고객, 고객행동, 고객만족 통합적 이해하기 …13

PART 01
고객 이해하기

1강 고객은 구매자가 아니다

1. 고객의 개념 …17
2. 고객의 유형 …19
3. 고객의 의미 …23
4. 고객의 패러다임 …24
5. 고객의 역할 …25

2강 고객은 가치를 원한다

1. 가치의 개념 …34
2. 고객의 가치 …35
3. 고객가치의 의미 …37

PART 02
고객행동 이해하기

1강 고객행동은 의사결정 활동이다

1. 고객행동의 개념 …49
2. 고객행동의 특성 …51
3. 고객행동의 모델 …53
4. 고객행동의 모형 …56

2강 고객행동은 외적 요인의 영향을 받는다

1. 가족 …64
2. 준거집단 …68

3. 사회계층 …71
4. 문화 …73
5. 상황적 요인 …78

3강 고객행동은 내적 요인의 영향을 받는다
1. 동기 …84
2. 학습 …92
3. 태도 …96
4. 지각 …101
5. 성격 …106
6. 라이프스타일 …112

PART 03
고객 의사결정 이해하기

1강 의사결정은 행동결정이다
1. 의사결정의 개념 …125
2. 의사결정 영향요인 …126
3. 의사결정 유형 …126

2강 의사결정과정은 복잡하다
1. 문제(욕구)인식 …131
2. 정보탐색 …133
3. 대안평가 …134
4. 의사결정 …135
5. 구매 후 평가 …136

PART 04

고객만족 이해하기

1강 고객만족은 기대충족이다

1. 고객만족의 개념 …143
2. 고객만족의 구성요소 …145
3. 고객만족의 필요성 …146

2강 고객충성도는 만족이다

1. 고객충성도의 개념 …152
2. 고객충성도의 유형 …155
3. 충성고객 과정 …158

3강 고객관계관리는 소통이다

1. 고객관계관리의 개념 …163
2. 고객관계관리의 목적 …164
3. 고객관계관리의 특징 …165

4강 고객만족경영은 생존이다

1. 고객만족경영의 개념 …169
2. 고객만족경영의 중요성 …170
3. 고객만족경영의 효과 …171

5강 고객 불평행동은 기회다

1. 고객 불평행동의 개념 …178
2. 고객 불평행동의 유형 …179
3. 고객 불평행동의 영향 …181

부록 : 다섯 가지 고객가치에 주목하라 …197

[고객, 고객행동, 고객만족 통합적 이해하기]

고객과 고객행동에 관심을 갖게 된 것은 아주 오래전부터이다. 1900년대 초까지의 시장경제는 제품을 생산하기만 하면 소비가 되었기 때문에 공급자 중심의 시대였다. 공급경제학의 선구이던 프랑스의 장 밥티스트 세이(Jean-Baptiste Say)[1]는 "공급이 스스로 수요를 창출한다"는 이른바 '세이의 법칙(Say's law)'[2]을 내놓기도 하였다. 그러나 이후부터는 과잉생산으로 인하여 기업들은 생산중심에서 판매중심으로 전환해야만 했다. 대량 생산된 제품을 광고 등의 수단으로 판매방법에 집중한 것이다. 하지만 고객들은 소득수준이 향상되어 가고 있었으며 기업들은 그들의 개인적 기호나 욕구를 충족시키기에는 역부족이었다. 때문에 기업의 관리자들은 기업 내부가 아닌 외부 고객들에게 눈을 돌리기 시작했다. 그때부터 고객이 무엇을 원하는지를 이해하기 시작했으며 학자들 또한 고객욕구에 연구를 집중하였다. 결국 마케팅 개념은 고객행동을 이해하는 것으로 시작된다. 즉 기업은 단순한 제품을 만들어 판매하는 것이 아니라 고객이 원하는 제품을 만들어야 잘 팔린다는 원리였다.

기업 경영 목적에는 여러 가지가 있지만 그중 이윤의 추구는 가장 큰 목적이라 할 수 있다. 때문에 기업은 이러한 성과를 달성하기 위해서는 제품과 서비스를 생산하기 이전에 고객과 고객행동, 그리고 고객만족에 대한 이해가 절대 필요하다. 다음과 같은 질문은 고객심리를 이해하는 데 기초가 된다.

- ○ 누가 구매하는가(Who buys?)
- ○ 그들은 어떻게 구매하는가(How do they buy?)
- ○ 그들은 언제 구매하는가(When do they buy?)
- ○ 그들은 어디서 구매하는가(Where do they buy?)
- ○ 그들은 왜 구매하는가(Why do they buy?)
- ○ 그들은 얼마나 자주 구매하는가(How open do they buy?)

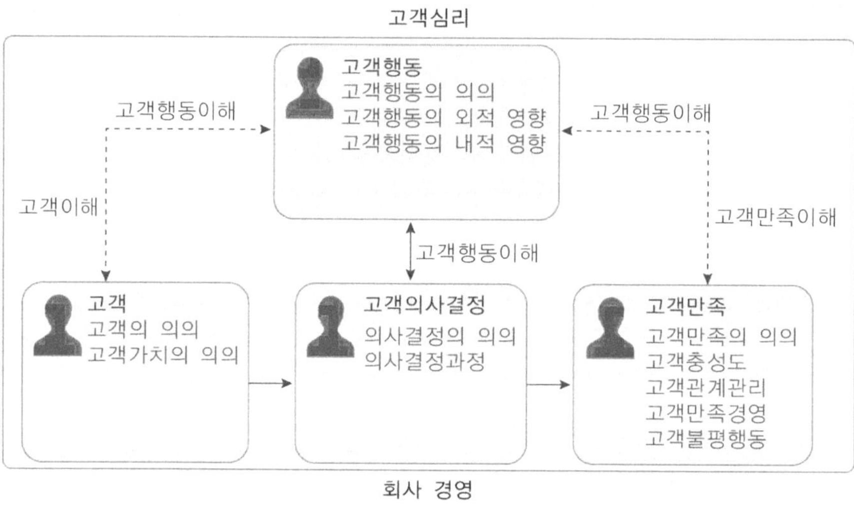

고객, 고객행동, 고객만족 종합적 이해도

1

고객 이해하기

CHAPTER 01 고객 이해하기

고객은 구매자가 아니다

「고객이란 무엇인가? 고객은 기업에 있어서 가장 중요한 사람이다. 고객이 우리에게 의존하는 것이 아니라 우리가 고객에게 의존하고 있다. 고객은 우리의 일을 방해하는 것이 아니고 우리 일의 목적이다. 우리가 고객에게 서비스를 제공하는 것이 고객에게 호의를 베푸는 것이 아니라, 고객이 우리에게 서비스를 제공할 수 있는 기회를 줌으로써 고객이 우리에게 호의를 베푸는 것이다. 고객은 말다툼의 대상이 아니며 어느 누구도 고객에게 주장을 해서 승리할 수는 없다. 고객과 우리 자신에게 도움이 되도록 서비스하는 것이 우리의 일이다.(Peters & Austin)」

과연 고객이란 기업에 있어서 어떤 대상인가? 또한 고객은 어떠한 현대적 의미를 지니고 있으며 고객과 소비자의 차이점은 무엇인지 알아본다.

1 고객의 개념

사람은 살아가면서 끊임없이 소비활동을 하는 경제적 동물이다. 성별, 연령, 주거지역, 교육수준, 문화의 차이에 관계없이 각자의 욕구를 충족시키기 위해 많은 상품과 서비스를 소비하는 주체로서 경제사회에 참여하게 된다. 따라서 소비생활을 위하여 사업자가 제공하는 상품과 서비스를 구입하거나 사용하는 사람을 소비자(consumer, 消費者)라고 한다. 또한 유사용어로 물건을 사는 사람을 구매자(buyer, 購買者)라고 한다. 전통적으로 소비자라는 용어는 기업에서 생산된 제품을 소비하는 일반대중을 의미했다. 그러나 기업들은 생산과정에서 사람들에게 더 좋고 더 편리한 제품을 만들기 위해 노력하였고 이러한 결과는 단순한 제품에 더 많은 서비스가 첨부되면서 부가가치가 높아지게 되었다. 그러면서 소비자는 고객(customer)이라는 보다 세련되고 상징적이며 정교한 소비개체의 의미로 사용되었다. 모든 제품에 서비스가 포함되어 있지 않은 것은 없다. 따라서 '고객'은 상품을 구매하고 사용하는 것은 같으나 서비스적인 관점에서 소비자 혹은 구매자와 다르게 불리고 있다.

좁은 의미의 고객은 한자로 돌아볼 고(顧)와 손님 객(客)을 사용하여 "상점 따위에서, 물건을 사거나 서비스를 받기 위해 찾아오는 손님을 다소 격식을 갖추어 이르는 말, 즉 상객(常客)"으로 표현하고 있다. 영어에서 고객은 "습관적으로 물건

을 사는 사람인 Customer"와 "초대받은 사람 혹은 환대받은 사람으로, 주로 호텔 등에서 자주 사용되는 Guest"로 표현하고 있다.

- Customer
  a person who buys, especially a regular patron of a particular store.
- Guest
  1. a person who received and entertained at one's home, clubs, etc.; person who not a regular member.
  2. a staying at a hotel, boarding house, etc.

- The world book dictionary

이처럼 고객은 상품과 서비스를 구매하거나 이용하는 사람을 격식을 갖추어 지칭하는 말이다. 그러나 넓은 의미로 고객은 좀 더 포괄적인 개념을 지니고 있다. 고객의 유형에서 그 내용을 살펴보기로 한다.

2 고객의 유형

상품과 서비스 가치 생산에 직접 참여하는 사람들, 즉 기업 내부에 있는 구성원 모두가 고객이다. 이를 내부고객(internal customer)이라 부른다. 그리고 기업이 생산한 상품과 서비스를 구매 혹은 이용하는 사람들, 즉 일반적으로 통용되는 고객을 외부고객(external customer)이라고 한다. 결국 기업 입장에서 보면 회사내부의 구성원과 회사외부 사람들 모두가 고객인 셈이다.

1) 내부고객

고객이란 일반적으로 조직의 외부에 존재하면서 마케터(marketer)가 제공하는 고객가치 패키지(package)를 제공받고 대가를 지불하는 외부고객을 의미한다. 반면 외부고객에게 제공하는 고객가치 패키지를 개발하고 제공하는 데 협력하는 조직내부의 구성원들을 내부고객이라 한다. 기업에서의 내부고객은 기업 내 조직에 포함되어 있는 각각의 구성원들이다. 예를 들어 항공사 운송업무는 항공권 예약발권, 항공 기내서비스 등 다양한 업무가 밀접한 관계를 유지하고 있다. 이처럼 어느 한 기업의 부서는 독립되어 있으면서도 상호관계를 지속적으로 유지한다. 따라서 각 부서의 구성원 개개인이 하나의 커다란 서비스가치를 창조하게 된다. 한 항공사가 외부고객과 효과적으로 상호작용하고 지속적으로 관계유지를 할 수 있도록 하는 것은 각 부서에 해당하는 구성원을 적절히 채용하고 채용된 구성원을 계속적으로 교육시키며, 적절한 보상과 자부심을 가질 수 있는 환경을 만드는 데 있다.

특히 서비스를 외부고객에게 전달하는 데 있어 내부고객에게 주어지는 환경에 따라 달라진다. 때문에 기업구성원의 내부마케팅(internal marketing)[3]에 관한 관심은 매우 중요시되고 있다. 내부마케팅은 기업이 외부고객과의 약속(혹은 요구)을 지킬 수 있게 구성원을 교육하고, 동기를 부여하고, 적절한 보상을 위해 수행하는 활동이다. 최일선에서 서비스를 전달하는 종사원이 외부고객에게 훌륭한 서비스를 제공할 의지나 능력이 없다면 그 기업은 고객의 욕구를 충족시키지 못하게 되고 서비스의 질은 저평가된다. 따라서 내부고객의 만족(employee satisfaction)은 외부고객의 만족이라는 가정에 바탕을 두고 있으며, 내부고객을 중시하지 않으면 진정한 고객지향적 조직은 존재할 수 없는 것이다. 최근 많은 서비스기업에서 내부고객만족도조사(E.S.I ; Employee Satisfaction Index)를 실시하는 경우도 이러한 이유에 근거한 것이다.

2) 외부고객

외부고객은 내부고객에 의해 생산된 제품 · 서비스의 가치를 최종적으로 이용하거나 구매하는 대상을 의미하며 일반적으로 '고객'으로 통용되는 대상이다. 제품 · 서비스의 존재는 이러한 외부고객의 가치를 이해하는 것으로부터 시작한다. 외부고객은 제품 · 서비스가 존재할 수 있도록 하는 기준이며 목적인 셈이다.

최종적으로 제품 · 서비스를 구매, 이용하는 외부고객의 가치를 인식하여 내 · 외부고객의 통합적인 관계가 이루어져야 한다. 즉 제품 · 서비스의 가치를 생산하는 기업 내부구성원인 내부고객과 제품 · 서비스의 가치를 이용하는 외부고객 간의 원만한 유기적 관계가 유지되어야만 고객의 가치창출을 이룰 수 있다. 특히 서비스기업에서 최일선 직원(내부고객)의 만족 없이는 고객(외부고객)의 만족은 있을 수 없다.

[그림 1 - 2]와 [그림 1 - 3]에서 보는 바와 같이 하나의 기업은 내부구성원에 의해 훌륭한 상품과 서비스의 가치가 생산되면 이러한 상품과 서비스는 외부고객이 지속적으로 구매 · 이용하는 데 영향을 미치므로 수익의 원천이 된다. 결국 기업의 관점에서는 내 · 외부고객 모두가 고객이다.

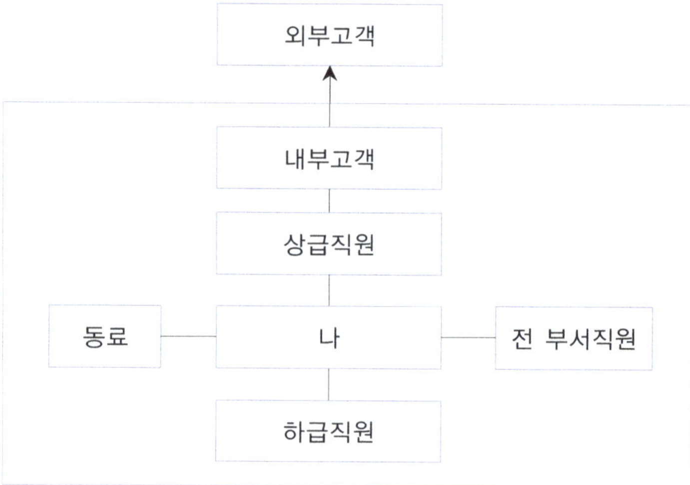

[그림 1-1] 고객의 재해석

[그림 1-2] 기업의 고객

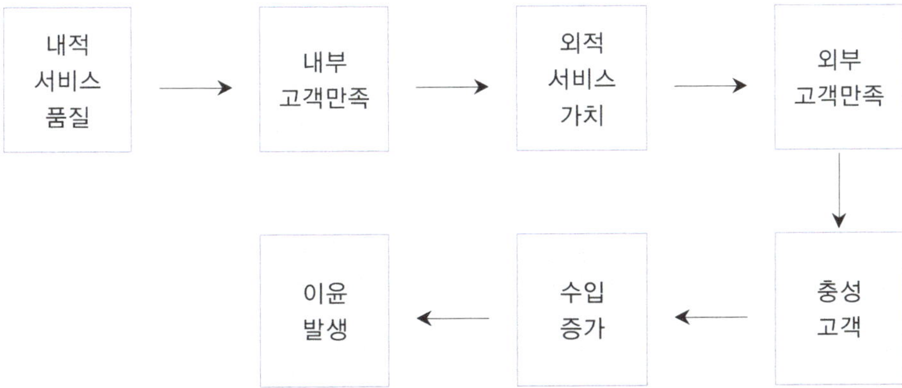

[그림 1-3] 내 · 외부고객과 수익 간의 관계

3 고객의 의미

기업에서 고객은 어떠한 의미를 지니고 있는가? 이것은 단순히 생산된 제품을 소비하는 소비자(consumer) 혹은 구매하는 구매자(buyer)와 구별하여 개념을 파악해야 할 것이다. 즉 제품의 유통과정에 있어서 최종적으로 제품을 소비하는 사람을 고객으로 볼 것인지 혹은 소비자로 볼 것인지에 따라서 그 의미는 달라진다. 서비스상품은 더욱 그러하다. 고객은 기업이 존재하도록 하는 사람인 동시에 그 기업 내에 종사하는 모든 종업원을 구성하게 하는 사람이다. 현대사회에서 고객이라 칭하는 의미는 무조건적으로 혹은 헌신적으로 재화와 용역을 제공하는 대상이 아니라 진정한 배려로 욕구충족을 시키는 대상인 셈이다. 결국 기업이 상품과 서비스를 지속적으로 생산할 수 있는 것은 고객들이 그것을 구매 · 이용하기 때문이다. 따라서 고객은 기업의 수익 원천이며 기업이 유지될 수 있게 하는 매우 중요한 대상이다.

4 고객의 패러다임

혹자는 사회과학에서의 패러다임을 이렇게 정의하고 있다. 이론(theory)은 사회현상을 사회에 내재하는 변수들의 관계로 설명한 것이라면, 하나의 사회현상의 설명에 있어 많은 학자들이 각기 다른 이론을 주장할 수 있다. 그러나 패러다임이란 그러한 이견(異見)이 존재하지 않는 일반화된 이론이라고 말하고 있다.

그러면 고객의 패러다임[4] 전환은 어떠한가? 앞서 보았듯이 고객이란 일반적인 소비자의 개념을 뛰어넘는 의미를 지니고 있다. 하지만 아직도 많은 기업에서 '고객'이라는 개념을 인식하지 못하고 회사를 운영하는 경우를 볼 수 있다. 고객을 단지 이익을 창출하는 판매 대상으로 인식하고 있는 것이다. 상품과 서비스를 구매하는 고객을 단순한 소비자로 보는 시각에서 벗어나야 한다. 그것은 고객의 가치를 일깨워주는 매우 중요한 것이다. 좋은 제품과 서비스는 한 명의 고객이 지속적인 수입을 보장하는 수익의 원천이라는 인식에서 비롯된다. 즉 만족한 고객은 재구매를 통하여 지속적인 수입을 보장할 뿐만 아니라 구전(mouth to mouth)으로 다른 새로운 고객을 만들기도 한다. 이것은 고객에 대한 개념을 기업 내 전사적(全社的)인 관점에서 대전환이 전재되어야 가능한 일이다. 따라서 상품과 서비스를 창출하는 기업에서는 고객의 패러다임 전환이 반드시 있어야 한다.

하지만 최근 들어 고객을 다르게 해석하는 경우를 볼 수 있다. 이러한 고객의 시각은 고객다움에서 비롯된다. 우리는 '고객이 항상 옳다', '고객은 왕으로 모셔야 한다'라는 슬로건을 볼 수 있다. 그러나 기업 등을 상대로 부당한 이익을 취하고자 제품을 구매한 후 고의적으로 악성 민원을 제기하는 블랙 컨슈머(black consumer)나 서비스 생산현장에서 고성과 막말로 부당한 요구를 하는 고객은 더 이상 고객이 아니라는 것이다. 존중할 수 없는 고객 때문에 다른 고객의 가치가 무너질 수 있기 때문이다. 특히 서비스기업에서 이러한 경우는 오히려 내부고객(직원)을 잃게 되고 서비스 품질도 낮아질 수 있다는 것이다. 결국 이 같은 관점에서 더 이상 고객은 항상 옳은 것은 아니다. 그러나 이러한 논점은 고객의 패러다임 전환과 다르게 이해해야만 한다. 내부고객과 외부고객은 서로 각자의 역할을 주고받으며 상호작용을 이루는 관계로서 고객을 재해석하고 있는 것이다.

5 고객의 역할

1) 생산성의 원천

서비스상품에서 고객은 스스로가 종업원의 역할을 하므로 서비스 시스템의 한 부분으로서 활동하는 고객의 역할이 전체 서비스의 생산성에 영향을 미친다. 이와 같이 고객은 조직의 생산역량을 키워주는 인적자원으로 흔히 '부분종업원(partial employee)'이라고 한다.

예를 들어 사우스웨스트항공사(Southwest Airline)는 승객들에게 직접 짐을 운반하게 하고 지정한 좌석제도가 없어 고객이 직접 자리를 찾아야 한다. 어쩌면 고객에 대해 무성의해 보이는 서비스 과정일 수 있으나 승무원의 수를 줄여 여행운임을 보다 저렴하게 하는 등으로 전체적인 생산성에 큰 도움이 된다. 하지만 서비스 전달과정에 대한 고객의 직접적인 참여가 생산성에 항상 긍정적인 영향을 미치는 것은 아니다. 그러나 고객은 불확실성의 근원이기 때문에 서비스 전달과정은 가능한 고객으로부터 독립해야만 생산성의 향상을 가져올 수 있다는 주장도 있다. 즉 서비스기업은 고객이 서비스에 참여하고자 하는 시간을 알 수 없고 그들의 태도를 통제하기가 어렵기 때문에 고객과 서비스시스템과의 직접적인 접촉이 적을수록 서비스시스템이 가장 잘 운영될 것이라는 것이다.

어떤 고객은 서비스전달과정에 참여하는 것을 즐긴다. 할인이 되기 때문에 스스로 서비스를 이용하는 경우도 있지만, 편리하고 서비스결과를 통제할 수 있으며 서비스전달시기를 정확히 할 수 있어 셀프서비스(self - service)를 원하기도 한다.

2) 품질 · 가치 · 만족에 기여하는 공헌자

고객이 서비스 제공 시 할 수 있는 또 하나의 역할은 제공받은 서비스의 품질이나 자신이 느낄 만족에 공헌하는 것이다. 즉 고객을 생산의 시스템 내로 끌어들임으로써 서비스기업을 더 잘 이해하게 하고 그들이 원하는 만족을 얻게 한다. 이것은 고객들의 역할이 단지 가치를 소비하는 것이 아니라 가치를 창조하는 것임을 고객들에게 이해시키고자 하는 것이다. 그러면 고객은 서비스과정에 참여하는 것이 내재적으로 매력적이라는 것을 느끼게 되고 이러한 과정을 통해 만족하게 된다.

만약 서비스과정에서 뭔가 잘못되더라도 고객자신이 참여한 과정이기 때문에 문제의 일정 부분을 자신의 탓으로 돌리는 등 발생할 수 있는 불만을 감소시킬 수도 있다.

3) 경쟁자

고객들은 부분적이거나 전체적인 서비스를 담당하므로 잠재적으로 서비스기업의 경쟁자가 될 수 있다. 만약 셀프서비스의 고객이 기업의 부분종업원으로 간주될 수 있다면 그 고객은 어떤 경우에는 부분적으로 서비스를 수행하고 어느 경우에는 전체적으로 서비스를 수행하기 때문에 서비스제공자가 필요하지 않을 수 있다. 다른 예로써 여행상품을 여행사에 의뢰하여 기획하는 대신에 자신 혹은 그룹이 자체적으로 기획할 경우 고객은 여행사의 경쟁자이며, 여행 시에 찍은 사진을 집에서 직접 인화 혹은 편집한다면 관광사진업의 경쟁대상이 되는 것이다. 이처럼 고객 자신은 서비스에 대한 경쟁자로서 해당 서비스를 부분적이나 전체적으로 생산해 낼 수 있다. 결국 고객은 서비스 생산의 원천으로서의 역할을 할 수 있는 동시에 더 나은 서비스의 품질과 가치를 얻기 위해 기여할 수도 있지만 기업의 경쟁자로서의 업무를 수행할 수도 있다.

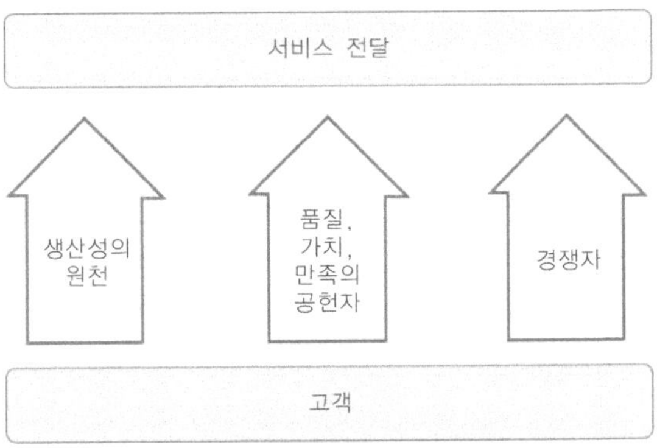

[그림 1-4] 고객의 역할

사례 1 고객만족도보다 직원 만족도를 높여라

구멍가게 수준의 기업을 운영하든 대기업 수준의 다국적 기업을 운영하든 모든 경영자들은 기업을 성장시키기 위해 각고의 노력을 아끼지 않는다. 하지만 기업의 규모에 따라 관리 포인트는 현격한 차이가 난다. 그게 경영의 사이즈다.

그렇지만 경영방식에 따라 구멍가게 수준의 기업도 대기업으로 발전해갈 가능성이 있다. 이는 기업의 성장 발전 핵심 포인트를 어디에 두느냐에 달려 있다. 핵심 포인트를 관리 혁신에 두면 기업은 고속 성장할 수 있다. 사실 다른 혁신들은 누구나 쉽게 따라 할 수 있지만, 관리 혁신은 따라 하기가 힘들다. 경영자의 뚜렷한 경영 철학과 독특한 힘이 있어야 가능하기 때문이다.

회사 규모가 작다고 주머닛돈이나 쌈짓돈 방식으로 경영하지 말고, 독보적인 관리 혁신을 해보자. 기업의 규모에 상관없이 어떤 기업이든 시도해볼 수 있는 중요한 관리 혁신 포인트는 '만족 서비스'다. 여기서 만족은 '고객만족'과 '직원 만족'이다. 고객만족은 경영의 모든 부문을 역지사지로 고객의 입장에서 생각하고 고객을 감동시켜 기업을 유지하고자 하는 경영기법으로 1980년대 후반부터 미국과 유럽 등지에서 주목받기 시작하였다.

고객을 만족시키고 고객 기대에 부흥함으로써 좋은 제품을 생산해서 제공하고, 고객만족도를 높이기 위해 고객의 불만을 처리하는 일련의 행동들이다. 직원 만족은 내부 고객인 직원을 만족시키는 것이다. 사원들의 복지 향상과 일체감 조성 등으로 직원의 만족도를 높이는 것은 고객만족 서비스를 위한 필수 요소다.

제품 기획 단계에서부터 설계, 디자인, 제작, 사후 서비스 등 모든 단계에 이르기까지 이를 관리하는 사람은 직원들이다. 이들은 제품에 내재된 기업 문화 이미지와 함께 상품 이미지, 기업 이념 등을 고객에게 제공하므로 직원 만족이 이루어지지 않고는 고객만족 역시 있을 수 없다. 결국 직원의 충성도에 따라 소비자에게 기대 이상으로 만족감을 안겨줘 고객의 재구매율을 높이고 해당 기업의 제품 선호도가 지속되는 것이다.

다시 말해 회사 발전의 첫 번째 기준은 고객 중심 경영이지만, 고객만족도는 직원 만족도에서 비롯된다고 볼 수 있다. 내부 고객인 직원들부터 만족시켜야 외부 고객 서비스의 질도 높아지는 것이다. 그런데 돈만 있으면 직원도 만족시키고 고객도 만족시킬 수 있다고 생각하는 경영자들이 많다. 물론 재무제표가 회사의 신용도를 보여주듯이, 경영에 있어 현금흐름은 무엇보다 중요하다.

하지만 회사의 서비스를 측정하는 건 재무제표가 아닌 직원과 고객의 만족도다. 직원 만족, 고객만족, 그다음이 돈이어야 한다. 회사의 경영방식에 만족하는 직원들이 많을수록, 이들이 고객을 만족시키고, 그렇게 만족한 고객들이 회사에 큰 이윤을 가져다준다는 사실을 잊지 말자. 특히 회사의 규모가 작을수록 이 점을 명심해야 한다.

– 전자신문

사례 2

알렉산더 셰룰프(Alexander Kjerulf)는 직장환경과 리더십에 대해 강의하는 유명 강사로 '고객이 항상 옳다'라는 말이 옳지 않은 5가지 이유에 대해 정리하였다. '고객은 항상 옳다'라는 말은 지난 1909년 런던에 셀프리지스(Selfridges) 백화점을 설립한 해리 고든 셀프리지(Selfridge)가 처음 사용한 말이다. 기업이 고객에게 좋은 서비스를 제공할 것을 약속하는 한편, 근로자에게 좋은 서비스를 강조할 때마다 쓰인다. 하지만 이제 기업이 더 이상 이런 말을 쓰면 안 된다고 생각한다. 오히려 이 말 때문에 고객서비스가 더 안 좋아졌기 때문이다.

그 이유는 아래와 같다.

① '고객은 항상 옳다'라는 말은 직원을 불행하게 만든다.

고든 베슨(Gordon Bethune)은 한때 최악의 항공사였던 콘티넨탈 항공(Continental Airlines)을 1등의 자리에 올린 전설적인 CEO이다. 그는 콘티넨탈 항공의 영업방식을 고객과 직원이 함께 좋아하는 쪽으로 발전시키기를 원했다. 당연히 '고객은 항상 옳다'라는 말도 신봉하지 않았다. 뿐만 아니라 그는 직원과 제멋대로인 고객이 갈등을 벌일 때마다 언제나 직원의 편을 들었다.

「대처하기 힘든 고객과 만날 때가 있다. 이때 우리는 언제나 직원들을 지지하고 믿어야 한다. 그들은 매일같이 그런 고객을 견뎌야 한다. 우리의 항공권을 샀다고 해서 그 고객이 우리 직원을 못살게 굴 권리까지 산 건 아니다. 우리는 매달 약 3백만 명 이상의 고객을 만난다. 그중 한두 명은 비합리적이고 공짜만 바라는 얼간이다. 매일 당신과 함께 일하고 당신이 고안한 상품을 판매하며 알리는 직원들을 지지할 것인가. 아니면 단지 땅콩이 떨어졌다고 해서 파리행 공짜 항공권을 요구하는 성난 얼간이 편을 들 것인가. 당신은 누구의 편을 들겠는가? 당신은 직원들을 노예 다루듯이 대할 수 없다. 당신은 그들을 소중히 여겨야 한다. 만약 고객이 문제를 일으켰을 때, 당신이 직원의 편을 들지 않는다는 사실을 고객이 알게 된다고 생각해보자. 아마 직원들은 아주 사소한 일에도 분노하기 시작할 것이다.」

고든 베슨의 철학은 근로자와 고객 사이에 균형을 이루게 했다. 물론 어떤 직원들의 서비스는 어떤 고객이 봐도 엉망일 수 있다. 하지만 이런 문제도 '고객은 항상 옳다'라는 태도로 접근하는 건 비생산적이다.

② '고객은 항상 옳다'라는 말은 '말 안 듣는 고객'에게 불공평한 이득을 준다.

'고객은 항상 옳다'는 구호 때문에 나쁜 마음을 먹은 고객들은 무엇이든 얻을 수 있게 되었다. 이는 곧 고객이 직원들의 말을 듣지 않으면 말을 잘 듣고 질서를 지키는 고객들보다 더 좋은 대접을 받는다는 말이기도 하다. 이건 합리적인 상황인가? 만약 당신의 회사가 혹은 가게가 친절한 고객을 원한다면, 친절한 고객들에게 더 좋은 대접을 해주는 게 맞지 않을까?

③ '고객은 항상 옳다'라는 말 때문에 기업에 악영향을 끼치는 고객들이 생긴다.

앞서 소개한 내용은 사우스웨스트항공의 CEO가 (불만은 많았지만) 자신의 항공사를 계속 이용하던 여성 고객을 무시해버린 것과 비슷한 사례다. 이때 주목해야 할 것은 이 회사들이 이해 타산적인 계산을 하지 않았다는 것이다. 그 고객이 우리에게 얼마나 많은 돈을 벌어줄 것인가에 대한 고민도 없었다. 이것은 존중과 품위의 문제였다. 그리고 직원을 관리하는 일에 대한 매우 상식적인 판단이었다.

④ '고객은 항상 옳다'라는 말이 더 나쁜 고객서비스를 만든다.

로젠블러스 인터내셔널(Rosenbluth International)은 아메리칸 익스프레스(American Express Company)가 인수한 여행사이다. 이곳의 CEO인 할 로젠블러스(Hal Rosenbluth)는 그들의 고객 대응법을 다룬 책을 출간했다. 이 회사의 고객 대응법은 다음과 같은 문구로 정리된다. "고객을 두 번째로 놓아라. 대신 당신의 직원을 첫 번째로 놓아라."

로젠블러스는 "회사가 직원을 우선으로 놓을 때, 직원은 고객을 우선으로 놓게 돼있다"고 말한다. 직장에서 행복한 직원은 더 나은 고객서비스를 제공할 수 있기 때문이다. 왜냐하면

직원은 고객을 포함하여 다른 사람에게 더 많은 신경을 쓰게 되기 때문이다.
직원은 더 많은 에너지를 얻게 된다.
직원이 행복하다는 의미는 그들과 대화를 나누고 교감하기에 더 좋다는 의미이다.
그들은 동기부여를 받는다.

반면에 회사와 경영팀이 끊임없이 고객 편을 들면 이는 다음과 같이 명백한 메시지를 보내는 것과 같다.

직원은 소중하지 않다.
직원을 공정하게 대하는 것은 중요하지 않다.
직원은 고객으로부터 존중받을 권리가 없다.
직원은 고객이 요구하는 모든 것을 견뎌내야 한다.

이런 태도가 만연하면, 직원은 고객서비스에 대해 관심을 두지 않게 될 것이다. 고객이 바랄 수 있는 최선의 것은 그나마 '좋은 척하는 서비스'일 뿐이다.

⑤ '고객은 항상 옳다'는 말은 틀렸다. 어떤 고객들은 그저 옳지 않다.

아직도 고객은 항상 옳다고 생각한다면 콘티넨탈 항공의 고든 베슨이 한 말을 읽어보자.

「콘티넨탈 항공의 승무원이 한번은 나치와 KKK 로고가 그려진 모자를 쓰고 있는 아이 때문에 기분 상한 적이 있다. 그 모자 때문에 다른 승객이 강한 불쾌감을 느낄 수 있었기 때문에 승무원은 아이의 아버지에게 다가가서 모자를 치워 달

라고 요청했다. "싫어요." 아이의 아버지가 대답했다. "내 아이는 자기가 원하는 걸 쓸 수 있고, 나는 그걸 누가 좋아하든 말든 신경쓰지 않아요." 승무원은 조종석으로 가서 기장에게 도움을 요청했고, 기장은 그 탑승객에게 승무원의 임무를 방해하는 것은 FAA(Federal Aviation Administration : 미국연방항공청) 규정상 범죄에 해당한다고 설명했다. 그 모자는 다른 승객과 승무원에게 불편함을 일으켰고, 그 때문에 승무원의 업무 수행에 방해되었다. 그 남성은 모자를 치워야 했다. 하지만 그 상황이 마음에 들지 않았던 모양이다. 그는 아주 지저분한 내용의 항의 편지를 보냈다. 우리는 항공사의 정책과 연방 항공 법규에 대해 설명하기 위해 최대한의 노력을 했으나, 그는 들으려 하지 않았다. 그는 심지어 나와 그 문제에 대해 논하고자 임원실에 갑자기 나타나기도 했다. 나는 그와 자리를 함께했다. 나는 그를 만나보고도 그의 말을 들어보고도 싶지 않았다. 그는 우리 항공사의 항공권을 구매했다. 그 말인즉슨 우리는 그가 원하는 곳으로 데려다준다는 것을 의미했다. 하지만 그가 무례하게 행동하고 모욕적으로 군다면 그는 다른 항공사를 이용해야만 할 것이다. 일부 고객은 그저 잘못되었다. 기업은 그들을 받지 않는 게 더 나을 때가 있다. 직원보다 비합리적인 고객의 편을 드는 경영자는 잘못된 판단을 하고 있는 것이다. 그에 따라 고객서비스가 나빠질 수 있으니까.」

- huffpost korea

참고문헌

권혁률(2014), 관광서비스론, 현학사

박영택, 패러다임 변화 주도해야 성공한다, 서울경제신문(2000.1.1)

Chase, R. B.(1978), "Where does the Customer Fit in a Service Operation?," *Harvard Business Review*, November-December, pp. 137-142

http://www.etnews.com/20161027000620

Knutson, Bonnie and Patton, Mark(1993), Restaurant can Find Gold among Silver Hair: Opportunities in the 55+Market, *Journal of Hospitality and Leisure Marketing*, No. 3

Mark E. Patton(2001), *Dancing Service*, 가산출판사

www.huffingtonpost.kr/2014/04/23/story_n_5189824.html

www.studyclick.co.kr

Zeithaml, V., and Bitner, M.(1998), *Service Marketing*, McGraw-Hill, Singapore, pp. 462-463

CHAPTER 2 고객 이해하기

고객은 가치를 원한다

1 가치의 개념

가치(value, 價値)는 '주관 및 자기의 욕구, 감정이나 의지의 욕구를 충족시키는 것'이다.

우리의 일상생활에서 필요와 욕구를 충족시킬 수 있는 것은 모두 가치이다. 그런 의미에서 상품은 모두 가치이다. 그러나 이런 경제적 가치 외에 육체적인 건강도 가치 있는 것이며, 나아가 인간의 정신적 활동에 만족을 주는 가치가 있다. 즉 논리적 가치와 도덕적 가치, 미적(美的) 가치, 종교적 가치로 생각할 수 있다. 물론 가치란 인간을 떠나 실재하는 것이 아니다. 가치를 느껴서 아는 인간에게만 존재한다. 또한 가치가 생기기 위해서는 대상에 관계하는 자기의 일정한 태도, 즉 평가작용이 예상되며 그러한 평가작용의 주체인 자기성격에 따라 가치 자체에도 개인적 · 사회적 · 자연적 · 이상적이라는 구별이 생긴다.

가치는 구분하는 방식에 따라 다르게 분류가 가능하며, 하나의 가치가 하나의 영역에만 속하는 것은 아니다. 예를 들어 '돈'은 물질적 가치이면서 도구적 가치이다.

〈표 1-1〉 가치의 분류

구분 1	물질적 가치	특정한 물질이나 사물이 지니는 가치와 이러한 것을 통해 느끼는 즐거움(예 : 의복, 음식, 주택 등)
	정신적 가치	정신적인 만족을 주는 가치[예 : 진(지적 가치), 선(도덕적 가치), 미(미적 가치), 성(종교적 가치)]
구분 2	도구적 가치	다른 목적을 위한 수단이 되는 가치(예 : 돈)
	본래적 가치	그 자체가 목적이 되는 가치(예 : 우정, 사랑, 생명, 인격 등)

2 고객의 가치

고객의 가치는 얼마나 될까? 물론 고객의 가치를 수치적으로 정확하게 나타낼 수는 없다. 어느 항공사 기내서비스에서 생길 수 있는 사례로 고객의 가치를 알아보자.

수십 년간 해외여행을 미루어 오던 어느 부부가 드디어 6박 7일의 여행을 결심하고 1인당 350만 원하는 유럽여행을 떠나기로 하였다. 여행사에서 예약을 하고 집으로 돌아오는 동안 부부는 행복감이 가득하였다. 특히 아내는 집안일과 아이를 키우느라 해외여행을 한 번도 경험해 보지 못한 상태여서 더욱 설렜다. 그러한 마음으로 몇 주가 지나고 드디어 여행일정의 첫날이 되었다. 공항에 일찍 도착한 부부는 서둘러 출국절차를 마치고 남는 시간 동안 여기저기 구경을 하였다. 시간은 빠르게 지나서 부부는 항공기에 탑승하였고 정해진 좌석에 앉아 친절한 승무원의 안내를 받았다. 그리고 그들은 긴장감과 두려움 속에 항공기 이륙을 경험했다. 이후 항공기는 안정감을 유지하였고 승무원들의 빠른 서비스로 음료와 음식을 주문받았다. 한 여승무원이 부부에게 다가와 물었다. “고객님,

식사로 치킨 스튜와 비빔밥이 준비되어 있습니다. 무엇으로 드릴까요?" 아내는 생소한 메뉴가 있어 승무원에게 "저, 치킨 스튜가 뭐지요?" 그러자 승무원은 "해외여행 처음이신가 보죠?"라고 말하였다. 순간 아내는 얼굴이 빨갛게 변하였고 수치감을 느꼈다. 주변 좌석에 앉아 있던 다른 여행객들이 자신을 보는 것 같아 여행의 설렘은 사라지고 빨리 공항에 도착하기만을 바랐다. 또한 남편도 아내의 그런 기분 때문에 여행일정 기간 동안 마음이 좋지 않았다. 여행을 마치고 집으로 돌아온 부부는 700만 원의 여행경비가 너무 아깝다는 생각이 들었다. 자식들과 친구들이 여행담을 듣고자 했을 때 부부는 가장 먼저 항공기에서 벌어진 기분 나쁜 얘기를 해주었다.

결국 순간적으로 그 여승무원이 아무런 생각 없이 전달한 한마디의 말실수로 인해 항공사 전체 이미지에 나쁜 영향을 주었다. 뿐만 아니라 그런 경험을 당한 부부는 물론이고 그들로부터 이야기를 전해들은 주변 사람들까지 이탈고객이

되는 결과를 낳았다. 반면 그들 부부가 항공기 기내에서 인상적인 서비스를 받았더라면 여행은 매우 즐겁고 만족스러웠을 것이고, 그들은 그러한 기분을 가족과 지인들에게 말해줌으로써 그 항공사의 홍보는 배가되었을 것이다. 결과적으로 고객의 가치를 제대로 인식하지 못한 여승무원의 말실수는 향후 회사에 엄청난 불이익을 주게 되었다. 한 번의 불만족한 서비스가 기업에게는 커다란 영향을 가져올 수 있는 사례이다.

고객의 가치를 인식하는 것은 단연 직원만의 문제는 아니다. 회사에서 직원의 가치를 인식할 때 비로소 해결될 수 있다. 고객의 가치를 수익적으로 환산하여 생각한다면, 그 또한 고객의 의미를 정확히 파악하지 못하는 것이다. 고객의 가치는 서비스를 제공하는 사람에 의해 그 가치는 달라질 수 있다. 고객의 입장에서 생각한다면 고객의 가치는 이해될 것이다.

3 고객가치의 의미

전통적인 심리적 의미에서 고객가치(customer value) 또는 지각된 고객가치(perceived customer value)는 특정상황이나 대상에 대해 행동이나 판단을 이끄는 광범위한 신념이다. 이러한 가치는 마케팅 활동을 수행함에 있어서 이해하고 예측할 수 있어야 하며, 고객 개개인이 지니고 있는 가치체계를 마케팅에 활용하기 위해서는 어떤 가치가 존재하는지를 파악함과 동시에 그 중요성이 어느 정도인지 혹은 어떤 변화 양상이나 트렌드를 지니고 있는지를 파악하는 것이 중요하다.

파라슈라만과 그레월(Parasuraman & Grewal)은 고객가치는 네 가지로 구성되는데 1) 금전적 비용의 희생을 통해 얻는 획득가치(acquisition value), 2) 거래를 통해 얻는 즐거움과 같은 감정을 설명하는 거래가치(transaction value), 3) 제품이나 서비스의 효용성에 대한 사용가치(in-use value), 4) 거래 이후 장기간 동안 제공되는 잉여가치를 설명하는 상환가치(redemption value)가 그것이다. 이러한 각각의 4가지 차원들은 제품·서비스의 시간적인 주기에 따라 그 적합성이 달라진다고 주장하였다.

스위니와 수타르(Sweeney and Soutar)는 서비스 품질이 높다고 하더라도 이에 대한 비용이 너무 높은 경우 고객은 만족하지 않는다는 것이다. 그러나 가치는 기능적 가치(functional value), 사회적 가치(social value), 감정적 가치(emotional value), 품질 등을 포함하기 때문에 가치를 경제적인 측면만으로 측정해서는 안 된다고 주장하였다.

〈표 1-2〉 다차원적 고객가치의 구성요소

구성요소	개념
감정적 가치	제품에서 제공받는 느낌이나 정서적인 측면에서 파생되는 가치
사회적 가치	사회적인 개념을 증대시키는 제품의 능력에서 파생되는 가치
기능적 가치	제품의 사용에 따른 시간 절약에서 오는 비용절감에 의한 가치
품질(성과)	제품의 지각된 품질과 기대성과의 차이에서 파생되는 가치

자료 : Sweeny, J. C., Soutar, G. N.(2001)

그리고 코틀러와 켈러(Kotler & Keller)는 [그림 1-5]와 같이 고객의 지각된 가치(customer perceived value: CPV)를 모든 편익에 대해 예상되는 고객의 평가와 제공물 및 지각한 대체안들의 모든 비용들 간의 차이라고 하였다. 또한 총 고객가치(total customer value)는 고객이 특정한 시장 제공물로부터 기대하고 있는 경제적, 기능적, 심리적 편익들에 대해 지각하는 화폐적 가치라고 보았다.

[그림 1-5] 고객에게 전달되는 가치의 결정요소

고객가치에 대한 정의는 고객들이 가치를 인지하는 환경적인 조건에 따라 변할 수 있다. 즉 고객들이 인지하는 제품에 대한 가치 기준은 구매 전, 사용 중, 또는 사용 후에 따라 달라질 수 있다는 점이다. 구매 시에는 제품의 속성이 중요한 역할을 하지만, 사용 중에는 제품의 사용 결과에 가치의 초점을 둔다고 보고 있다. 고객가치를 이해하는 것은 고객들이 특정 제품 및 서비스를 선택하는 이유를 이해하는 것이다. 고객이 원하는 가치 있는 제품과 서비스를 만들어내기까지는 고객가치를 정의하고 결정하는 복잡한 과정을 거친다.

스타벅스(Starbucks)의 하워드 슐츠(Howard Schultz) 회장은 "당신이 무엇을 상징하고 있는가를 고객들이 인식해야만 한다."라고 하였다. 브랜드의 존재 이유를 대내외적으로 명확히 인식시켜야만 치열한 경쟁에서 살아남을 수 있다는 말이다. 이것은 고객가치를 알고 있어야 실현할 수 있는 것이다. 즉 모든 것은 고객입장에서 생각해야 하는데 고객이 무엇을 필요로 하는지 알아야 고객이 원하는 브랜드를 만들고, 고객에게 그 브랜드를 인식시킨다.

스타벅스는 전 세계 어느 곳에서나 눈에 가장 잘 띄는 랜드마크와 같은 역할을 수행하기 위해 가장 목 좋은 곳에 위치하고 있다. 또한 스타벅스의 브랜드 파워에 힘입어 스타벅스가 들어서면 주변 상권이 살아나서 땅값까지 상승하는 것은 물론이고, 랜드마크적인 성격을 극대화하기 위해 테헤란로에는 스타벅스를 집중적으로 오픈하여 테헤란밸리가 아니라 스타벅스밸리라는 애칭까지 생길 정도이다. 약속장소를 정할 때 주변에서 찾기 쉬운 스타벅스를 지목하는 경우가 많을 정도로 이제 제3의 공간은 우리들 생활 속에 자연스럽게 자리를 잡아가고 있다. 제3의 공간과 같은 개념은 브랜드의 차별화와 활력을 유지시키는 핵심가치이다.

사례 1

'스타벅스'의 비전과 가치

〈우리의 비전〉

인간의 정신에 영감을 불어넣고 더욱 풍요롭게 한다.

이를 위해 한 분의 고객, 한 잔의 음료, 우리의 이웃에 정성을 다한다.

〈우리의 가치〉

- 우리의 핵심을 지켜나가며 파트너와 커피, 고객과 함께하는 가치들을 실행한다.
- 모두가 환영받을 수 있는 따뜻하고 친밀한 문화를 만든다.
- 현재로부터 투명성과 품위와 존경을 상호 연결해 나간다.
- 용기를 가지고 행동하고, 현재에 안주하지 않고 도전하며, 회사와 서로가 성장할 수 있는 새로운 방법을 찾는다.
- 우리가 할 수 있는 모든 것에 최선을 다하며, 결과를 얻기 위해 스스로 책임감을 가진다.

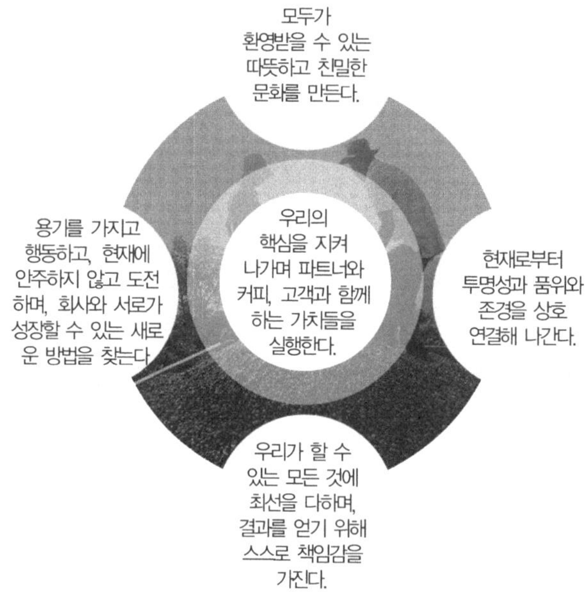

– www.istarbucks.co.kr

사례 2

하버드 비즈니스 스쿨(HBS)에서 전설의 명 강의로 알려진 시어도어 레빗 교수는 저서 '마케팅 상상력'에서 고객이 기업의 생존을 좌우한다고 규정했다.

레빗 교수는 "기업은 사업 영역과 기업 규모를 지속적으로 확장하고 수익을 안정적으로 창출해야 생존할 수 있는데, 안정적인 수익을 창출하려면 고객이 중요하다."고 강조했다. 특히 "고객이 진정으로 원하는 제품과 서비스를 제공하기보다는 기업이 잘 만들 수 있는 제품을 제공하려는 고객 외면의 경영전략은 필연코 실패할 수밖에 없다."고 경계했다.

레빗 교수의 조언은 아마존의 혁신방법론이 주목받는 이유이기도 하다. 아마존은 제품이나 상품에 대한 기획을 아이디어에서 시작하는 것이 아니라 고객으로부터 시작해 거슬러 올라가는 작업을 진행한다. 아마존은 일을 시작할 때 항상 고객은 누구인가, 고객의 문제는 무엇인가, 고객에게 가장 중요한 혜택은 무엇인가, 고객이 원하는 것을 어떻게 알았는가, 고객의 사용 경험은 어떠한가 등 다섯 가지의 역행 질문에서 출발한다. 다섯 가지의 역행 질문과정을 거치면서 제품이 고객에게 유용한지를 살펴보고, 새 제품이 기존 제품을 어떻게 대체할 것인지, 세상 사람들이 해당 제품을 어떻게 볼지를 명백히 밝힌다. 그러면서 제품의 장점이 명확해져 아이디어가 정리된다.

LG유플러스가 선보인 'U+가족무한사랑'은 이 같은 혁신방법론을 철저하게 적용한 상품이다. U+가족무한사랑은 가족의 스마트폰을 결합해 요금을 할인받는 상품으로, 출시 전 세세한 부분까지 고객의 의견을 청취하고 이를 반영했다. 그 결과 U+가족무한사랑 가입자는 10만 명을 돌파했고, 앞으로 100만 명이 이용하는 상품으로 거듭날 것이란 기대감을 갖게 한다.

상품 간 차이를 찾기가 쉽지 않은 마케팅의 홍수시대에 상품과 서비스에 고객가치를 입히는 일은 차별화를 찾는 과정이다. 그리고 고객가치 창출을 위한 일이 아니라면 과감히 제거하는 것이 고객가치 극대화를 실현하는 일이다.

– 이투데이

사례 3 고객 마인드로 관점을 전환하라

이 시대에는 과연 누가 이기는 게임을 하고 있는가? 과거에는 큰 기업이 작은 기업을 이겼고, 빠른 기업이 느린 기업을 이겼지만, 현재에는 변화하는 기업이 변화하지 못하는 기업을 이기고 있다. 그러면 어떻게 변화해야 하는가? 고객 관점의 전환을 통하여 답을 찾을 수 있을 것이다. 듀퐁(Dupont)사의 CMO였던 다이앤 굴리아스(Diane H. Gulyas)는 "불행하게도 제품을 파는 데 있어서 위대한 기술의 영향력은 약해졌다. 이제 영업과 마케팅이 중요하다."라고 말한 바 있다. 하지만 그녀의 말도 이제는 과거의 이야기이다. 이제는 단순히 마케팅이나 영업 부서에서만 고객 마인드를 고민하는 것이 아니라, 전사적으로 고객을 향한 관점의 전환이 이루어져야 고객들의 감춰진 마음을 진정으로 들여다볼 수 있다.

영국의 이코노미스트(Economist)지는 "Brand Manager의 종말"이란 칼럼에서 "고객 중심 경영 시대에 마케팅은 개별기능이 아니라, 전사에 체화(생각 따위가 몸에 배어서 자기 것이 되는 것)되어야 하는 가치이다."라고 역설하며, 전사적인 마케팅, 전사적인 고객 마인드를 강조하였다. 따라서 기업은 아직도 고객에 대해 잘 모르고 있다는 사실을 깨우치고, 전사적으로 고객을 연구하기 위해 더욱 시간과 노력을 투자해야 한다. 그것이 바로 고객 마인드로 관점을 전환하는 시발점이다. 그러나 아무리 많은 조사를 하여도 고객에 대한 통찰은 매우 어려운 일이다. 그 이유는 아래와 같다.

(1) 고객도 자신의 니즈를 잘 알지 못하는 경우가 많다(특히 신기술 제품)
(2) 고객은 니즈를 알더라도 잘 표현하지 못하는 경우가 많다.
(3) 고객은 자신의 니즈를 표현함에 있어서 솔직하지 않게 응답하는 경향이 있다.

하버드 경영대 잘트만 교수는 "인간의 사고는 95%가 무의식중에 일어나며, 나머지 5%조차도 언어로써 표현할 수 없는 경향이 많다."고 말했다. 따라서 기업은 망망대해와 같은 95%나 차지하는 고객의 무의식의 세계를 찾아내기 위해 끊임없는 항해를 하고 있는 것이나 다름없는 무척이나 머리 아픈 일을 하고 있는 것이다.

한 담배회사에서 고객들에게 브랜드를 가린 상태에서 담배를 피우게 하고 7점만점으로 평가하게 하였다. 조사 결과 그리 좋지 않은 3.97을 받으며 독한 맛이라는 평가를 받은 브랜드가 있었는데, 다름 아닌 마일드 세븐이었다. 그러나 마일드 세븐은 브랜드 네임에서 풍기는 의미처럼 부드러운 담배로 소비자에게 인식되어 있기 때문에, 브랜드를 보여주며 다시 평가하였을 때는 이전과는 반대로 부드럽다는 평가와 함께 4.53의 높은 평점을 받았다. 바로 브랜드는 제품이라는 실제(What it is)가 아닌, 고객의 인식(What they perceive)의 문제라는 것을 입증하는 사례였다.

그래서 마케팅은 제품의 싸움이 아니라 인식의 싸움이라고 한다. 사실이 중요한 것이 아니다. 고객의 마인드 속 인식이 중요한 것이다. 그래서 전사적으로 고객 관점의 마인드 전환을 해야만 회사는 진실로 인식의 싸움에서 승자가 될 수 있을 것이다.

- THE COMMA

참고문헌

김지흔(2013), 서비스 품질이 고객가치 고객만족과 자발적 행동의도에 미치는 영향 관계 : 항공서비스를 중심으로, 경희대학교 일반대학원 박사학위논문

네이버 지식백과, 두산백과, http://terms.naver.com

정지은(2010), 고객가치, 고객만족, 자발적 행동의도의 구조적 관계에 관한 연구 : 대형마트의 서비스 품질을 중심으로, 한양대학교 석사학위논문

(주)천재교육(2017), 천재학습백과, http://koc.chunjae.co.kr

케빈 레인 켈러 저, 이상민 · 김준석 · 최윤희 역(2007), 브랜드 매니지먼트, *Strategic Brand Management*

http://blog.naver.com/repion2/220971471687

http://www.etoday.co.kr/news/section/newsview.php?idxno=1477282

Kotler, P., & Keller, K. L., 윤훈현 역(2007), 마케팅 관리론, 석정사

Parasuraman, A., and Grewal(2000), "The impact of technology on the quality-value-loyalty chain; a research agenda", *Journal of the Academy of Marketing Science*, 28(1): 168-174.

Sweeny, J. C., Soutar, G. N.(2001), "Customer perceived value: The development of a multi item scale", *Journal of retailing*, 77(2): 203-220.

www.istarbucks.co.kr

2

고객행동 이해하기

CHAPTER 01 고객행동 이해하기

고객행동은 의사결정 활동이다

사람은 거의 매일 경제활동을 하면서 살아간다. 이런 과정에서 사람은 고객으로 대우받으며 자신이 원하는 제품과 서비스를 구매한다. 결국 기업 입장에서는 이러한 고객의 활동에 대해 자세히 알고 있어야 자사의 제품과 서비스를 영속적으로 판매할 수 있다. 고객의 심리는 점점 복잡해지고 까다로워지기 때문이다.

먼저 고객행동의 기초 지식에 대한 이해를 돕기 위하여 고객행동의 개념, 고객행동의 특성, 고객행동 모델에 대해 알아본다.

1 고객행동의 개념

고객행동을 사전적 의미로 해석하면 다음과 같다. "고객은 상품과 서비스를 구매하거나 이용하는 사람을 격식을 갖추어 지칭하는 말이다. 그리고 행동은 몸을 움직여 동작을 하거나 행위를 하는 것으로서 심리적으로는 내 · 외적 자극에 대한 반응을 통틀어 이르는 말이다." 이렇게 볼 때 고객행동은 상품과 서비스를 구매하거나 이용하는 고객이 내 · 외적 자극으로 인해 어떠한 반응을 보이는 것이라 할 수 있다.

고객행동에 대한 학자의 견해는 어떠한가. 잘트만(Zaltman) 등은 고객행동을 "개인, 집단, 조직이 제품, 서비스 및 그 밖의 자원을 획득하고 사용하며, 또한 사후에 얻은 경험을 통해서 나타내 보이는 행동과정 및 사회적 관계"로 정의하고 있다. 이와 같이 고객행동은 고객이 자신의 욕구를 충족시킬 것으로 기대하는 제품이나 서비스를 탐색, 구매, 사용, 평가, 처분하는 과정이라고 하겠다. 또한 고객행동은 고객이 소비와 관련된 항목에 돈, 시간, 노력 등의 자원을 어떻게 사용하기로 결정하는가를 다루는 것이다.

고객행동에는 구매활동 그 자체뿐만 아니라 구매행동의 앞뒤에 있게 되는 정보탐색이나 사용평가까지도 포함시키고 있다는 것이다. 그러므로 구매에 앞서 정보를 수집하고 여러 판매점을 돌아다니면서 각 상표들을 서로 비교평가해 보는 행위에서, 사용한 후에 그 사람이 가지게 되는 인지적 평가과정까지도 모두 고객행동의 범주에 포함된다. 여기서 말하는 고객은 의사결정단위로 보기 때문에 개인은 물론이고 가족과 같은 집단, 기업과 같은 조직체까지도 포함된다. 즉 가족 모두가 필요로 하는 제품을 서로 상의해서 구매할 때 가족이 하나의 의사결정단위가 되며, 기업과 같은 조직체도 기업의 생산활동이나 필요에 의해서 각종 제품을 구매하므로 조직체로서 하나의 의사결정단위가 된다.

고객행동 개념에 포함되는 핵심 구성요소는 다음과 같다.

첫째, 고객행동은 제품, 서비스, 활동 및 아이디어 등의 다양한 제공물에 대해 이루어진다.

둘째, 고객행동은 제품이나 서비스의 획득, 사용, 처분 등의 소비 유형을 포괄한다.

셋째, 고객행동은 획득, 소비, 처분이 일정한 기간에 걸쳐 순차적으로 발생되는 동태적 특징을 가지고 있다.

넷째, 고객행동은 정보 수집자, 영향력 행사자, 의사결정자, 구매자, 사용자 등의 다양한 역할을 맡은 개인들을 포함한 의사결정 단위를 갖는다.

다섯째, 고객행동은 제공물의 획득, 사용, 처분에 대한 여부와 그 대상 및 이유, 방법, 시점, 장소, 양, 빈도, 기간 등의 다양한 의사결정들을 포함한다.

결국 고객행동이란 '고객 개인 또는 조직의 욕구충족을 위해 제품이나 서비스를 구매하고, 이용하며, 사후평가에 이르기까지의 총체적 활동이다.'

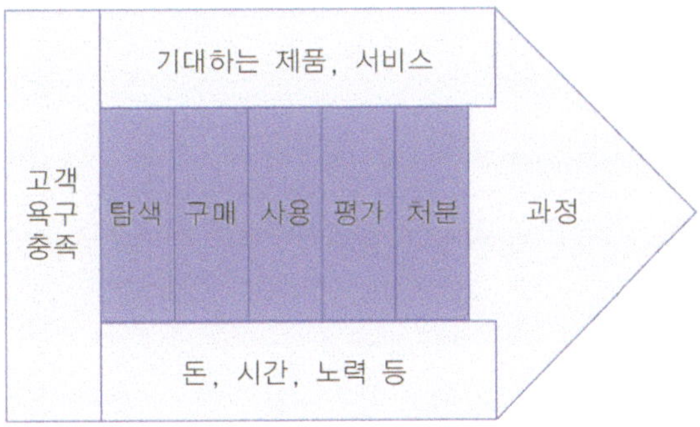

[그림 2-1] 고객행동의 개념

2 고객행동의 특성

1) 동기(motive)에 의해 행동한다

고객은 자신이 무엇인가 욕구하고 필요로 하는 것이 있을 때 그것을 성취하고자 비로소 행동한다. 자신의 내적(內的)인 직접요인, 즉 어떤 일이나 행동을 일으키게 하는 계기가 동기인데 이러한 동기가 있어야 행동을 하는 것이다. 결국 고객은 특정한 목표나 목적을 위하여 자신의 동기에 따라 행동으로 옮기는 특성을 지니고 있다.

2) 일련의 과정이다

고객행동은 문제인식, 정보탐색, 대안의 평가, 의사결정, 구매 후 행동이라는 단계를 거쳐서 이루어진다. 즉 자신의 욕구가 무엇인지를 인식하게 되면 그 욕구를 해결하기 위해 정보를 탐색하게 되고 그 정보에 의해 자신이 필요로 하는 것을 비교, 평가하게 된다. 그 이후에 구매할 것인지 구매하지 않을 것인지를 고민하게 되며, 그 결과 구매한 제품을 사용하는데 그 과정에서 만족에 대한 평가를 하게 된다. 이렇듯 고객행동은 구매 이전의 행위, 구매행위, 구매 후 행위로 나누어지며 이 모든 행위가 하나의 연속된 과정이다.

그리고 고객은 이러한 행위과정에서 많이 생각하고, 대화하고, 느끼고, 비교하고, 평가하고, 결정하게 되는 것이다. 따라서 고객행동은 이 같은 과정 모두를 포함하게 된다.

3) 복잡성을 지니고 있다

고객행동은 복잡한 과정을 통하여 이루어진다. 특히 요즈음과 같이 인터넷과 모바일이 나날이 발달하는 가운데 고객들은 많은 정보와 지식을 가지고 있다. 때문에 구매 의사결정과정은 더욱 복잡해지고 있다. 고객들의 개인적인 성격과 라이프스타일에 따라 다르기는 하지만 고가의 상품이나 자신이 절실히 욕구하는 것일수록 더 많은 정보를 구하고 브랜드 간 비교하면서 매우 신중한 행동을 보인다. 반면에 복잡한 것을 싫어하는 고객들은 단순하게 행동하려 하며 그들은 이전 구매경험을 통해 동일한 제품의 선택을 원하는 성향이 있다.

일반적으로 구매의사결정 과정에서의 복잡성은 시간과 상관관계를 보인다. 즉 구매의사결정이 복잡할수록 시간이 많이 걸리고, 그렇지 않을수록 시간이 덜 걸리는 것이 일반적이다.

4) 외적 요소로부터 영향을 받는다

고객은 제품이나 서비스를 구매·이용하는 과정에서 자신 스스로 생각하고 평가하고 결정하는 행동을 보인다. 다시 말해 구매 의사결정은 고객 자신이 판단하게 된다. 그러나 이러한 행동은 외부적인 요소들로부터 영향을 받는다. 즉 문화, 사회계층, 준거집단, 가족, 상황적 요인 등과 같은 사회문화적인 요소들뿐만 아니라 경제, 정치적인 요소 등과 같은 다양한 외적 요소들로부터 영향을 받는다.

5) 고객마다 다르다

고객행동은 각 개인마다 다르다. 어느 한 제품을 구입할 때 자신과 의견이 같은 사람도 있을 수 있으나 대부분 다른 성향을 나타낸다. 이러한 이유는 각자 개인이 지닌 동기, 태도, 필요, 욕구, 라이프스타일, 개성 등이 다르기 때문이다. 특히 현대인의 욕구와 성향이 빠르게 변화하고 있기 때문에 마케팅에 있어서 더욱 복잡한 과정을 거쳐야만 한다.

3 고객행동의 모델

고객행동 모델에서 모델(model)이란 어떤 현상의 주요한 특성을 설명할 수 있도록 주된 요인만으로 간략화한 것이다. 이 요인을 변수라고도 하는데 이러한 변수들 간의 관계를 한눈에 볼 수 있도록 단순하게 도식화한 것이 모델이다. 고객행동 모델은 학자들에 의해 간단하고 단순한 모델부터 자세하고 세밀한 모델에 이르기까지 다양한 형태로 설계되어 있다. 고객행동 모델은 크게 전통적 모델과 현대적 모델로 구분한다. 전통적 모델은 고객행동 영향변수(變數, variable)를 단순화시켜 순수 심리이론과 경제 및 사회이론에 한정하여 고객행동 모델을 구성하고 있다. 전통적 고객행동 모델로는 블랙박스(Black box) 모델, 마샬(Marshall) 경제 모델, 프로이드(Freud) 정신분석 모델, 코틀러(Kotler) 행위선택 모델 등이 있다.

전통적인 모델이 변수들을 단순화하여 구성함에 따라 고객행동 과정에 나타나는 여러 선택조건에 대한 설명력이 부족하였다. 학자들은 이러한 단점을 보완하고자 여러 가지 변수를 사용하여 고객행동을 설명하려 하였다. 전통적 모델이 한두 가지 변수만으로 인간행동을 설명하려 하는 단순한 모델인 데 반해 현대적 모델은 여러 가지 변수를 사용하는 포괄적 모델이라 할 수 있다. 현대적 모델로는 하워드(Howard)모델과 이 모델의 수정 모델인 하워드 · 쉐스(Howard - Sheth)모델, 니코시아(Nicosia)모델이 있다. 그리고 엥겔 · 콜라트 · 블랙웰(Engel - Kollat - Blackwell) 모델과 이 모델의 수정 모델인 엥겔 · 블랙웰 · 미니아드(Engel - Blackwell - Miniard)모델이 있다. 그 외에도 다양한 현대적 모델이 있다.

현대적 고객행동 모델 중에서 EBM(Engel - Blackwell - Miniard Model)모델에 관해 좀 더 알아본다. 1968년 최초의 엥겔 · 콜라트 · 블랙웰(Engel - Kollat - Blackwell)모델이 개발된 후 여러 차례 수정을 거듭하여 1995년도에 엥겔 · 블랙웰 · 미니아드(Engel - Blackwell - Miniard)모델이 되었다. 이것이 EBM모델이다. EBM모델의 특징을 살펴보면 다음과 같다.

첫째, 내 · 외적 요인

내적 영향력은 개인적 차이로서 고객의 능력, 동기와 관여도, 지식, 태도, 개성, 가치관, 라이프스타일을 포함하고 있다. 외적 영향력에는 여러 가지 외부환경으로부터의 자극이며 그 내용에는 문화, 사회계층, 개인적 영향, 가족, 상황이 있다.

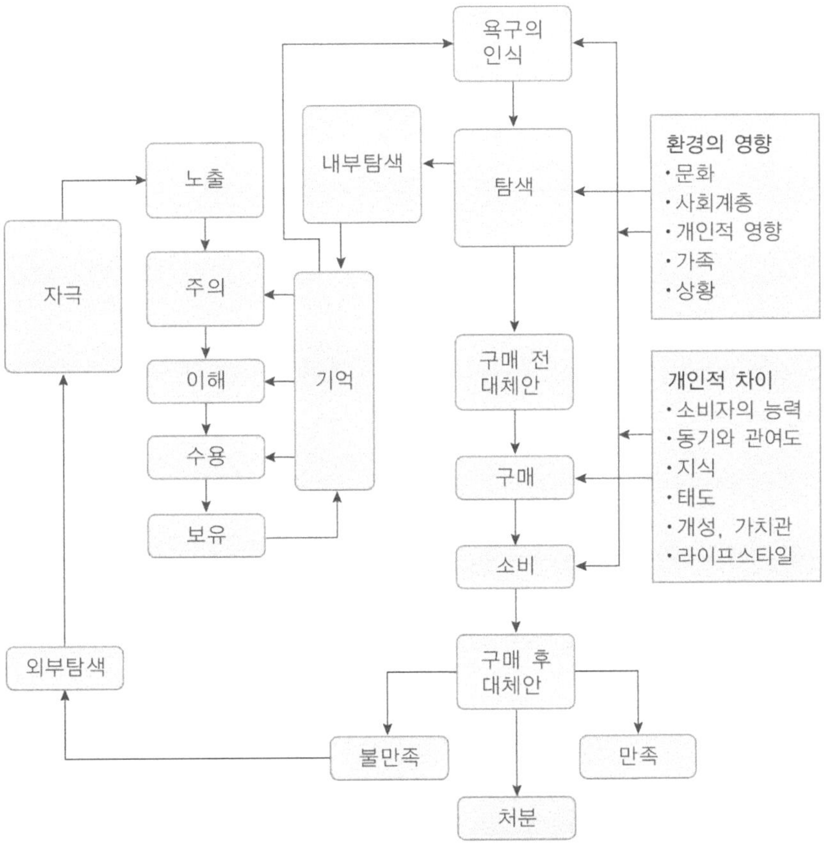

[그림 2-2] EBM의 고객행동 모델

자료 : Engel · Black-well · Miniard(2001)

둘째, 의사결정 요인

의사결정과정은 욕구의 인식, 탐색, 구매 전 대체안, 구매, 소비, 구매 후 대체안, 만족, 불만족, 처분으로 구분하여 나타내고 있다. 특히 구매 후의 평가 다음에 일어나는 행동유형을 만족과 불만족, 그리고 처분으로 나누었다. 처분은 환경문제가 대두되면서 문제되고 있는 폐기, 재활용, 중고판매 등을 의미한다.

셋째, 정보처리 요인

정보처리과정은 고객이 외부로부터의 자극을 각자 나름의 기억으로 상기시키는 것으로 이것은 욕구의 인식에 영향을 미친다.

넷째, 투입 요인

투입 요인은 노출, 주의, 이해, 수용, 보유로 구분하여 나타냈으며, 이것은 기업의 마케팅 활동 등 외부로부터의 자극에 대한 정보를 처리하는 투입 요소들이다. 외부의 자극들은 이러한 투입 요인을 거치면서 여과되어 기억으로 남게 된다.

4 고객행동의 모형

각 개인들은 자아개념을 개발하고 이어서 다양한 내부영향요인(주로 심리적이고 육체적인)과 외부영향요인(주로 사회적이고 인구통계학적인)에 기반을 둔 라이프스타일을 개발한다. 이러한 자아개념들과 라이프스타일들은 욕구와 바람을 만들어내며 이 욕구와 바람들 중 많은 것들은 구매의사결정을 요구한다. 각 개인들이 해당 의사결정 문제상황에 직면하면 고객 의사결정과정이 활성화된다. 이러한 과정 및 이 과정이 유발하는 경험 및 구매는 내적, 외적 특성들에 영향을 주어 이것이 고객들의 자아개념과 라이프스타일에 영향을 미친다.

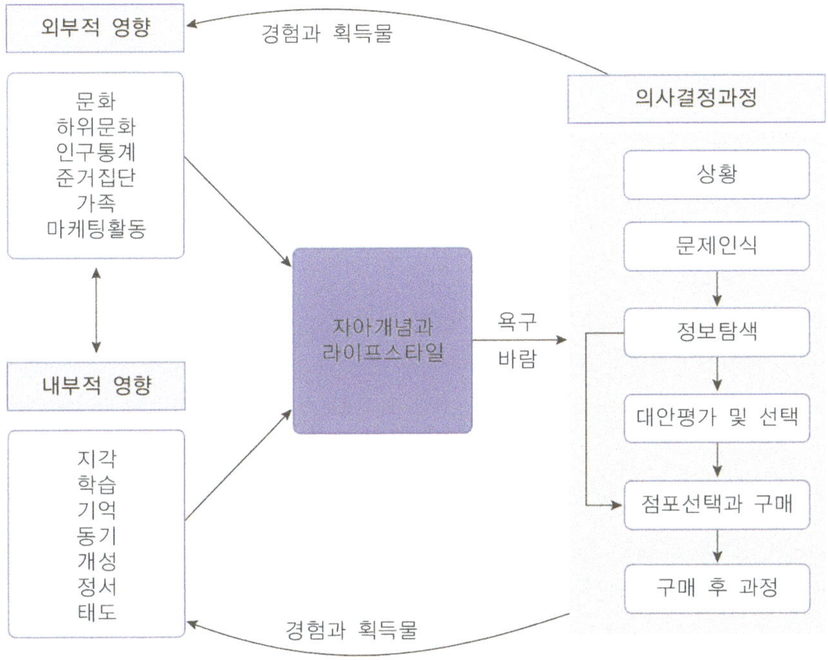

[그림 2-3] 고객행동의 모형

자료 : Del I. Hawkins David L., & Mothersbaugh, Consumer Behavior(2014)

물론 생활이 [그림 2-3]과 같이 구조적인 것은 아니다. 고객행동은 절대적으로 이렇게 단순하고, 구조적이고, 의식적이고, 기계적이거나 선형적이지 않다. 반면 여러분의 행동과 친구들의 행동을 분석해 보면 고객행동이 종종 복잡하고, 조직화되어 있지 못하고, 무의식적이고 유기적이며, 순환적인 것이라는 것을 알게 된다. [그림 2-3]은 단지 모형일 뿐이고 분석의 출발점이라는 것을 유념해야 한다.

사례 1 고객심리 변화에 따른 광고변화

상대적으로 단조로웠던 마케팅 현장이 복잡해진 건 기술의 변화에서 출발한다. 2000년대를 지나면서 우리의 모든 환경은 디지털로 재편되었다. 도서관이 아닌 구글, 삐삐가 아닌 스마트폰, TV가 아닌 유튜브 등 우리의 모든 삶은 디지털로의 변환(Digital Transformation)을 겪었다. 음식 주문도 전화가 아닌 스마트폰으로 하게 되었고 TV 본방보다 모바일로 무한도전을 보는 게 익숙한 세상이 되었다. 누구나 페이스북을 통해 콘텐츠 배포자가 될 수 있고 스마트폰을 통해 누구나 콘텐츠 제작자가 될 수 있으며 TV 외에 스마트폰, 태블릿 PC 등 콘텐츠를 소비할 수 있는 공간도 다양해졌다. 수도 없이 들어봤을 이러한 기술의 변화는 미디어의 변화로 이어졌고 나아가 고객의 변화, 커뮤니케이션의 변화로 이어졌다.

모든 것이 디지털로 변화한 것은 단방향적 소통이 아니라 쌍방향적 소통으로 변화했음을 의미한다. 고객 입장에서 항상 TV나 신문 등 소수의 정보창구로 정보를 주입만 받았는데 이제 다양해진 정보창구로 인해 정보를 선별할 수 있게 되었고 무엇보다 고객이 직접 정보를 생산하고 배포할 수 있게 된 것이다. 이는 고객에게 정보에 대한 능동적 욕구를 증대시켰고 미디어의 주권이 고객에게 넘어온 계기가 되었다. 이제 고객이 좋아하지 않으면 정보는 공유되지 않는다. 흥미로운 콘텐츠가 디지털 세상에 던져지면 정보를 주도적으로 공유하는 주체는 바로 고객이다. 아이스버킷, 마네킹챌린지, 인스타그램의 인증문화처럼 언론이나 브랜드가 아닌 고객이 주도했을 때 디지털 세상을 움직이는 콘텐츠, 문화가 만들어진다. 디지털 시대의 고객은 정보에 대한 판단을 댓글이나 공유 수, 좋아요 수 등 타 고객의 반응으로 판단하는 것처럼 고객 사이에서 정보가 어떻게 확산되는지도 브랜드에는 무척 중요하다.

TV 외에도 즐길 수 있는 콘텐츠는 많으며, 배너광고를 보지 않기 위해 광고차단 프로그램을 설치하면 되고, 영상을 보기 전에 노출되는 광고는 스킵하면 그만이고, 광고가 많은 매체는 보지 않으면 되는 등 정보를 선택할 권리를 얻게 된 고객은 더 이상 광고에 리드당하지 않게 되었다. 그렇다면 수많은 정보 중에서 우리 브랜드의 정보를 고객이 보게 만들고 공유하게 만들고 싶다면, 고객이 좋아하고 즐기는 콘텐츠를 만들어야 하는 것은 브랜드의 숙명이다. 고객을 설득해야 하는 브랜드 입장에서는 기존 광고의 변화가 필요했고 그 변화가 바로 브랜디드 콘텐츠다.

사례 2 브랜디드 콘텐츠란?

광고에게 디지털이란 콘텐츠로의 변화다. 광고는 기본적으로 상업성이 본질인데, 디지털 시대에 접어들며 더 이상 광고로는 고객이 설득되지 않게 되었고, 이러한 고객을 대상으로 소비행동에 대응하는 콘텐츠를 통해 반응을 이끌어내는 것이 바로 디지털 콘텐츠 마케팅이자 브랜디드 콘텐츠인 것이다. 아날로그에서 디지털로 넘어가는 과정은 광고가 콘텐츠가 되어가는 과정이며 디지털이라 함은 단순 미디어 Tool의 변화가 아닌 고객 커뮤니케이션 환경의 변화로 이해해야 한다. 광고가 주로 상업적 목적을 추구했다면, 브랜디드 콘텐츠는 포괄적이며 문화적 목적을 추구한다. 광고가 일방적 속성이라면 브랜디드 콘텐츠는 자발적이며 상호작용적이다. 모든 브랜드는 콘텐츠를 만들어내야 한다는 유명 저널리스트 Tom Foremski의 말처럼 고객의 관심을 어떠한 콘텐츠로 끌 것이냐가 디지털 시대에 브랜드에게 주어진 마케팅 과제다.

콘텐츠의 확장 '브랜디드 콘텐츠'(2010년대 이후)

고객이 즐기는 콘텐츠의 변화란 콘텐츠 자체의 어떠한 변화라기보다, 수직적이고 수평적인 콘텐츠의 확장을 의미한다. 2010년대 이후, SNS와 유튜브의 등장이나 디지털 기술의 발달로 콘텐츠의 확장이 진행되었고 진정한 의미의 브랜디드 콘텐츠가 나타나게 되었다.

우선 SNS의 확산으로 개인의 미디어 영향력이 높아졌고, 누구나 콘텐츠를 제작하여 배포할 수 있게 되었으며 배포된 콘텐츠가 수많은 사람에게 회자될 수 있게 되었다. 유튜브는 개인이 만든 영상 콘텐츠를 더 빨리 더 많은 사람에게 공유될 수 있도록 도와주었다. 대표적으로 MCN산업을 꼽을 수 있는데, TV는 안 봐도 BJ방송은 챙겨보는 사람이 많아지고 있으며 유튜브에서 가장 성공한 콘텐츠인 퓨디파이는 4,100만 명의 구독자를 가지고 있는데 이는 비디오게임 문화를 하나의 강력한 산업으로 만드는 데 일조하였다. 개그맨 조세호를 스타로 만들어준 '프로불참러'나 여행 가면 연인끼리 꼭 해본다는 'Follow Me'처럼 고객이 만든 콘텐츠가 온라인상에서 흥행하고 있는데, 이는 고객이 콘텐츠의 생산 및 배포의 주역이 되었음을 의미한다. 고객의 손에서 만들어지는 콘텐츠는 규정지을 수 없을 만큼 다양할 것이다.

브랜디드 콘텐츠의 효과 : 콘텐츠로 전달하기 때문에

가장 큰 브랜디드 콘텐츠의 효과는 콘텐츠로 전달하기 때문에 전달하고 싶은 메시지를 고객에게 자연스럽게 전달할 수 있다는 점이다. 또한 브랜드 메시지 전달의 거부감이 크게 줄어 고객 호감도가 증대된다. 마지막으로 고객의 엄지를 획득할, 즉 고객 사이에서 공유될 바이럴의 가능성이 높아지는 것도 브랜디드 콘텐츠의 효과다. 무엇보다 고객이 광고스러움을 싫어하고 브랜드에 대한 가치 소비를 중요시하는 요즘, 광고가 아닌 콘텐츠로 메시지를 전달하는 것 자체가 고객과 소통하려는 브랜드의 적절한 노력이자 필수다.

브랜디드 콘텐츠의 사례
(페루관광청 : 가장 아름다운 페루 풍경)

유저들의 여행관련 콘텐츠 소비습관에 맞춰 스낵 콘텐츠로 제작되었으며, '딩고트레블'의 콘텐츠 포맷으로 만들어진 '네이티브 애드'(Native AD)다. 브랜디드 콘텐츠의 일종인 '네이티브 애드'는 기존 플랫폼의 형식에 맞춰 콘텐츠처럼 제작하는 형식을 말한다.

* 소비자를 고객으로 바꾸어 표기하였음

– platum.kr

참고문헌

김세범 · 전영종 · 허남일(2000), 소비자행동론, 형설출판사, pp. 23, 53, 62
박영봉(2001), 소비자행동론, 민영사, p. 8
서성한(1991), 소비자행동론, 박영사
양윤(2008), 소비자 심리학, 학지사
임종원 · 김재일 · 홍성태 · 이유재(2010), 소비자행동론, 경문사
네이버 지식백과, 소비자행동(Consumer Behavior), 학문명백과 : 사회과학, 형설출판사
네이버 지식백과, 의사결정(意思決定, Decision Making), 행정학사전, 대영문화사, 2009.1.15
Del I. Hawkins David L., & Mothersbaugh 저, 이호배 · 김학윤 · 김도일 · 이성근 역(2014), Hawkins의 소비자행동론, 12판, (주)지필미디어
James F. Engel, Roger D. Blackwell, and Paul W. Miniard, *Consumer behavior: Strategy and Analysis*, the Dryden Press
platum.kr/archives/84009

CHAPTER 02 고객행동 이해하기

고객행동은 외적 요인의 영향을 받는다

고객행동에 영향을 미치는 외적 요인에는 문화, 사회계층, 준거집단, 가족, 상황적 요인 등이 있다. 고객행동의 외적 요인에서 외적 요인은 환경적 요인이라고도 하며 어떠한 제품과 서비스를 구매하는 과정에서 고객 자신이 아닌 외부 환경으로부터 영향받는 요인들을 의미한다.

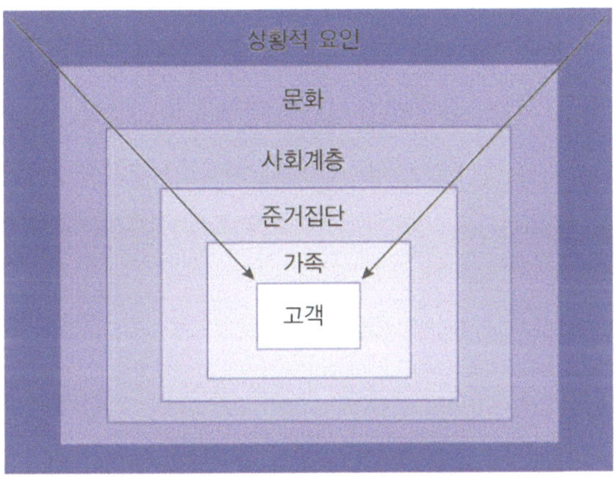

[그림 2-4] 고객행동의 외적 영향들

1 가족

1) 가족의 개념

가족(family)은 준거집단의 형태 중 하나이면서 고객행동에 영향을 미치는 매우 중요한 외적 요인이다. 가족에서의 혈연관계는 부모-자녀관계를 기본으로 하고 그 확장을 포함한다. 한 가족의 전체 가족원이 언제나 하나의 집단에 속하여 함께 생활하는 것은 아니다. 학업과 취업 등 여러 가지 이유로 가족원의 일부가 일시적으로 가족을 떠나는 경우가 있다.

가족의 구성을 실제의 가족이 구체적으로 어떠한 형태를 취하고 있는가의 관점에서 살펴볼 수 있는데 이를 가족형태라 한다. 이때 가족 구성의 차이를 잘 드러내기 위하여 구성원의 세대수, 가족원의 종류, 연령 등이 기준으로 사용된다.

고객행동에 있어 가족의 중요성을 보면 첫째, 가족이란 조직단위에서 구매하여 사용하는 제품이 매우 많다. 둘째, 가족은 직·간접적으로 개인의 고객행동에 많은 영향을 준다. 셋째, 가정 및 가족상호관계에서 일어나는 각종 행사와 관련되는 시장규모가 크다. 넷째, 개인이 경제적인 능력이 있어도 구매의사결정에서는 가족구성원들의 영향을 많이 받는다. 다섯째, 사용자와 구매자 또는 구매결정권자는 서로 다른 구성원일 수 있다. 여섯째, 가족의 생활주기가 변화함에 따라 가족구성원의 구매방식도 달라진다.

2) 가족의 기능

가족은 개인과 사회의 중간에 위치한 체계로서 전체 사회에 대하여는 하위체계로, 개인에 대하여는 상위체계로 볼 수 있다. 따라서 가족의 기능은 가족제도가 전체 사회에 대해 작용하는 기능(대외적 기능)과 가족 구성원에 대한 기능(대내적 기능)으로 구분할 수 있다.

가족이 인류에게 있어 보편적인 기본 형태라는 것은 가족만이 가지는 본질적인 기능이 있음을 보여주고 있다. 첫째는 혼인이라는 사회적 공시(公示) 절차에 의하여 부부의 지속적인 결합이 법적으로나 사회적으로 승인되고, 따라서 사회적으로 성적(性的) 질서가 유지되는 점이다.(성적 기능 및 생식적 기능) 둘째는 자녀의 장기에 걸친 부양애호의 필요로 모자의 결합과 부(父)의 협력이 필연적으로 요구되며 그것이 핵가족에 의하여 충족되고 있다는 점이다.(경제적 기능 및 교육적 기능) 혼인 외의 성적 교섭이 요구되거나 자녀의 유기 또는 사회적 시설에 의한 어린이의 보호가 이루어지는 사실이 있더라도, 그것은 어디까지나 일반성과 영속성을 가지는 보편적인 현상이 아니라 특수한 자연적·사회적 환경에 있어서의 일시적 및 사회병리적 현상에 불과하다.

이와 같은 두 개의 본질적인 기능을 기초로 부부의 경제적 협력이 이루어지고, 정서적 융합 속에서 어린이의 사회화가 이루어진다. 본질적 및 준본질적인 기능을 중심으로 하여 부차적으로는 종교적·오락적·보호적·사교적 기능 등이 파생한다. 이러한 여러 기능은 가족 내 개개인의 욕구를 충족·조정하는 동시에, 대외적으로는 국가나 지역사회나 직장 등 주변사회의 요청에 응하여 사회적 발전과 질서유지에 커다란 기능을 수행하고 있다.

3) 가족유형

혈연, 인연, 입양으로 관계를 맺은 사람 가운데 가족을 형성하는 친족원의 범위를 한정하는 확장의 규칙에는 여러 가지 대안이 있지만, 한국의 가족과 관련하여 특히 의미가 있는 것은 다음과 같다. 확장을 허용하지 않는 경우에는 자녀가 혼인하면 별개의 가족을 이루어 독립하게 되므로 부부와 그 미혼의 자녀로만 이루어지는 핵가족이 형성된다. 장남 부부만을 포함하도록 하는 수직적 확장 규칙이 적용되면, 부부와 그 장남 부부와 그 미혼자녀로 이루어지는 조선 후기의 전형적인 3세대 직계가족이 형성된다.(여기에 장손의 부부와 그 자녀가 추가되면 4세대 이상 확대될 수 있다) 장남 부부 이외에 차남 이하의 부부까지 포함하도록 수평적 확장이 허용되면, 부부와 그 장남 부부와 차남 부부, 그들의 미혼 자녀를 포함하는 방계가족을 형성하게 될 것이다.(이 또한 4세대 이상 확대될 수 있다)

4) 가족의 역할

가족구성원은 구매 의사결정과정에서 다양한 역할을 수행하게 된다. [그림 2-5]에서 볼 수 있듯이 가족은 제안자, 정보수집자, 평가영향자, 의사결정자, 구매자, 사용자 등과 같은 역할을 한다.

첫째, 제안자

가족 중 누군가는 구매욕구에 대해 좋은 방향으로 결정하기 위해 의견을 낸다. 때문에 가족은 구매행동의 제안자이다.

둘째, 정보수집자

의사결정에 앞서 다양한 방법을 통하여 구매하고자 하는 상표에 대해 정보를 수집한다. 따라서 가족은 구매 의사결정과정에서 정보처리에 영향을 미친다.

셋째, 평가영향자

구매상표(대안들)에 대해 나름대로의 평가기준을 마련하는 데 영향을 준다. 예를 들어 대안들에 대한 평가를 위하여 가격이나 디자인 등을 구매 판단기준으로 세운다. 가족의 적절한 욕구충족을 마련할 수 있는 상표가 어느 것인지를 정한다.

넷째, 의사결정자

수집한 여러 정보와 평가를 통하여 최종적으로 그 상표를 구매할 것인가를 결정한다. 이 경우 가족의 성향에 따라 제안자, 정보수집자, 평가자가 동일인일 수도 있으며 그렇지 않고 서로 다른 경우일 수도 있다.

다섯째, 구매자

특정 상표를 구매하고자 결정하고 난 후 그 제품을 실제로 구매한다. 이때 구매자는 의사결정과정 중에 동일인일 수도 아닐 수도 있다. 결국 가족이 여러 역할자로서 동일인일 수도 각각 다를 수도 있는 것이다.

[그림 2-5] 의사결정과정에서 가족의 역할

2 준거집단

1) 준거집단의 개념

준거집단(reference group)[5]이란 개인이 자기의 행위나 규범의 표준으로 삼는 집단으로 소속집단과 반드시 일치하는 것은 아니며, 한 개인이 동시에 여러 개의 준거집단에 속하는 경우도 있다. 즉 한 개인이 자신의 신념·태도·가치 및 행동방향을 결정하는 데 준거기준으로 삼고 있는 사회집단을 의미한다. 사회심리학에서의 '태도' 연구에 의하면 개인은 스스로가 동일화하고 있는 특정한 집단규범에 따라 행동하고 판단하는 것이라고 하는데, 그때 그 집단을 개인의 준거집단이라고 한다.

흔히 TV광고에서 가족단위로 광고하는 모습을 볼 수 있는데 이러한 시도는 가족을 통하여 고객들에게 영향을 끼치려는 의도이다. 여기서 가족은 준거집단의 한 형태이다. 이렇듯 준거집단은 고객행동에 영향을 주는 외적 요인으로서 고객의 욕구 및 구매행동과 관계가 있다.

2) 준거집단의 유형

준거집단이란 개인 자신의 태도를 평가하는 기준을 제공해 준다. 때문에 고객은 그 준거집단의 구성원일 수도 있고 그 집단에 속하기를 원하는 사람일 수도 있다. 준거집단의 유형은 학자들마다 조금씩 다르게 분류하고 있다. 준거집단의 유형을 보다 간략하게 나타내면 1차적 준거집단, 2차적 준거집단, 열망집단 등으로 구분할 수 있다. 1차적 준거집단은 고객행동에 가장 큰 영향을 미치는 집단으로 가족, 친지, 친구 등이 여기에 속한다. 이 같은 집단은 대면적인 접촉이 빈번하고 의견을 자주 나눌 수 있는 관계이다.

따라서 가족은 개인이 제품을 구매하고자 할 때 가장 크게 영향을 준다. 2차적 준거집단은 대면적 접촉이 이루어지기는 하지만 그 빈도수가 1차적 준거집단에 비해 적은 집단을 말한다. 향우회, 동호회, 계모임, 동창회 등과 같은 집단이다. 열망집단은 개인 자신이 그 집단에 소속되어 있지는 않지만 가입하기를 희망하는 집단을 말한다. 즉 개인이 집단에 대한 구성원 자격이 없고 대면적인 접촉을 하지는 못하지만 그 집단의 구성원이 되기를 열망하는 집단이다. 유명한 운동선수, 인기연예인 등이 여기에 포함된다.

사례 1 리얼 그래놀라 트리플 빈

새로운 모델 이범수와 소다남매가 함께한 '리얼 그래놀라 트리플 빈' TV광고는 7월 8일부터 방영되었다. 평범한 가족의 아침일상을 담은 광고를 통해 이범수와 소다남매는 따뜻한 햇살 아래 아이들의 식사를 챙겨주는 자상한 아빠와 귀엽고 사랑스러운 남매의 유쾌하면서도 화목한 모습을 선보인다. 농심켈로그 마케팅 관계자는 "신제품 '리얼 그래놀라 트리플 빈'은 남녀노소 모두에게 어필할 수 있는 고소하고 영양까지 가득한 시리얼로 어린아이부터 어른까지 맛있게 즐길 수 있는 건강한 제품"이라며 "이범수 씨와 소다남매가 광고 영상을 통해 화목하고 단란한 가족의 풍요로운 아침식사를 자연스럽고 행복하게 그려낸 것 같아 매우 만족스럽다"고 전했다.

고객은 이와 같이 준거집단인 가족의 행복한 모습을 보면서 그 기업에서 제공하는 제품을 구매하고 싶은 심리적 현상을 일으킬 수 있다.

3 사회계층

1) 사회계층의 개념

사회계층(social stratum)[6)]은 고객행동에 영향을 미치는 외적 요인이다. 계층은 직업, 수입, 교육수준, 사회적 영향력, 명예 등 다양한 요소에 의하여 결정되며, 다양한 사회적 희소가치에 따라 다양하게 서열화되어 있는 개인과 집단의 위치를 구분하는 데 사용하는 개념이다. 따라서 사회계층이란 한 사회 안에서 구별되는 인간 집단을 말하며, 사회성층(成層)이라고도 하고 일종의 통계학적 집단 또는 사회적 범주이다. 학자에 따라 소득을 위주로 계층을 구분하기도 하고, 직업지위를 위주로 구분하기도 하며, 소득 · 직업 · 교육수준을 복합적으로 고려하여 구분하기도 한다.

후기 산업사회에 들어와 권력과 이해관계가 뚜렷이 구분되는 계급의 양극화 현상이 줄어들고, 직업이 다양화되면서 그에 따른 수입이 사회적 지위와 권위를 결정하고 힘(power)을 부여한다고 보는 계층론이 확산되고 있다. 직업의 다양화는 횡적으로는 분야(分野)에 따른 분화를, 종적으로는 기능(機能)에 따른 분화를 초래하여 복잡한 계층화 현상을 낳고 있다. 직업의 다양화로 인해 분화된 계층들은 각기 그들 나름대로의 특이한 생활의식과 행위양식을 갖고 있다.

2) 사회계층의 분류

일반적으로 사회계층을 측정하는 방법에는 주관적 측정방법, 평판적 측정방법 및 객관적 측정방법 등의 세 가지가 있다. 주관적 방법은 사람들이 스스로 어떤 계층에 속한다고 생각하는지를 자기평가로 알아보는 방법이며, 사회성원의 귀속의식에 의하여 자신이 어떤 계층에 속하고 있는가를 조사하여 사회계층을 분석하는 방법이며, 평판적 방법은 사회의 성원들이 서로 상대의 사회적 지위를 평가한 결과에 따라 각자의 소속계층을 판정하는 방법이다. 또한 객관적 방법은 어떤 객관적 기준을 설정하여 그것에 의거해 평가하는 사람의 사회적 지위를 나타내는 직업, 교육수준, 수입, 주거형태, 가족배경 등의 측정 가능한 지표를 사용하여 계층을 분석하는 방법이다. 객관적 방법에서 주로 의존하는 변수들은 1차적으로 직업이고 그 직업에 필요한 교육수준 즉 학력, 그리고 직업에서 얻는 수입 또는 소득의 세 가지가 핵심적이다.

사회계층은 사회에 따라 그 형태나 구조가 동일하지 않고, 계층구분도 다양할 뿐 아니라 한 사회에서의 구분이 다른 사회에서도 그대로 적용되는 것이 아니기 때문에 일반화하기가 어렵고, 측정도 용이하지 않으나 오늘과 같은 현대 사회에서는 대체로 객관적 지표인 직업, 교육의 정도, 수입, 주거환경 등의 기준을 사용하여 사회계층을 구분한다. 우리나라의 경우 급격한 사회변화에 따른 사회이동으로 계층을 구분하는 데 많은 논란이 있으나 일반적으로 직업, 교육, 수입의 객관적 기준에 의해 상, 중, 하 계층의 세 가지 층으로 구분하는 경우가 많다.

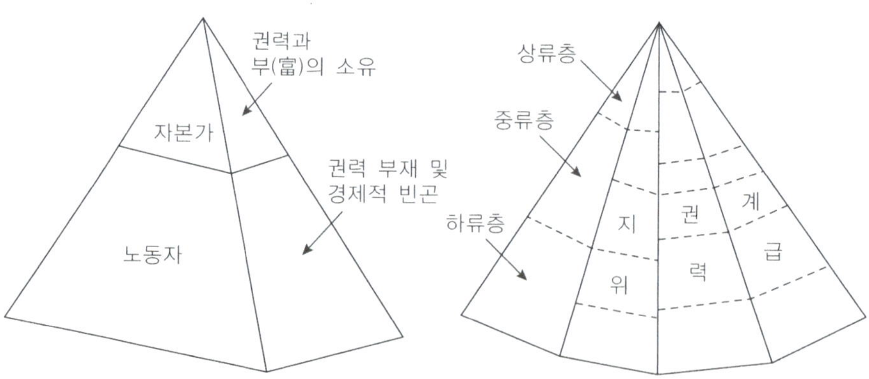

[그림 2-6] 산업사회의 사회계층 비교

4 문화

한 인간집단의 전체 생활양식으로서의 문화는 매우 폭넓고 다양하기 마련이다. 원주민사회의 것도 그렇고 역사가 길고 폭넓은 사회나 민족의 문화는 더욱 그러하다. 문화를 총체론적 관점에서 비교 연구하는 문화인류학은 인류의 진화 · 문화의 발달 · 혼인과 가족 · 친족 · 사회조직 · 경제체계 · 정치 · 법 · 종교 · 인성(人性) · 언어 · 예술 · 환경 · 보건 및 의료 · 개발 및 도시와 농촌문제 · 의식주 · 물질문화 등을 그 연구 대상으로 삼는다. 이들 문화의 요소는 각기 하나의 문화로 불리는데 경제문화 · 정치문화 · 종교문화 · 도시문화 · 음식문화 등이 그런 것들이다.

이러한 문화는 개인, 가족, 지역, 국가 등 저마다 차이를 지니고 있기 때문에 고객행동에 영향을 주는 외적인 요인으로 작용한다.

1) 문화의 개념

문화(culture)는 라틴어의 '(밭)을 경작하다, 가꾸다' 혹은 '(신체를) 훈련하다' 등을 의미하는 colo(형용사 cultus, 명사 cultura)에서 나온 것이다. 즉 문화는 원래의 자연을 가꾸어 만든 산물 또는 그러한 행위 양식을 의미한다. 문화는 인류가 오랜 유목생활을 끝내고 정착하는 농경생활에 접어들었을 때 형성되기 시작했다고 볼 수 있다. 주어진 동물적 생활에 만족하지 않고 각종 도구를 사용하여 자연을 변형하고 개량하여 만들어진 인간적 세계가 문화인 것이다. 문화는 세대에서 세대로 지속되고 보존되어야 의미 있는 것이기 때문에 일정한 문화적 공간이 확보되어야만 수립될 수 있는 것이다.

이렇게 자연으로부터 경계 지어진 문화는 점차 '가치적인' 의미에서도 경작된다. 인간은 사회공동체 속에서 좋은, 올바른, 아름다운, 존경받는 여러 제도, 관습, 의식, 작품 등을 가꾸고 유지시켜 나간다. 여기서 인간 자신이 경작되어야 할 필요가 생기는 것이다. 이렇게 본래 물질적인 의미에서 사용되던 colo는 이제 가치 · 정신적 의미에서의 '도야'나 '교양' 등의 의미로 사용되기 시작했다.

문화의 개념은 학자에 따라 다르고 사용되는 목적에 따라 다양하기 때문에 명확하게 정의하기가 쉽지 않다. 일반적인 문화의 개념을 정리하면 '사회의 구성원으로서 개인이 획득하는 지식, 신념, 예술, 도덕, 법률, 관습 등의 총체이며 생활양식'이다. 다음과 같이 문화의 특성을 고려하여 문화의 개념을 좀 더 알아보기로 한다.

2) 문화의 특성

첫째, 문화는 생활양식이다.

이러한 문화 개념은 광의의 개념으로서 문화인류학과 사회학에서 활용되는 용어로 사회나 집단에서 공유되는 태도, 가치관, 관습, 제도 등이 모두 포함된다.

둘째, 문화는 지적, 정신적, 예술적 산물이다. 이것은 문화의 개념을 창의성을 바탕으로 만들어진 문화산물(cultural products)로 본 것이다. 전통문화유산, 예술, 문화콘텐츠 등이 모두 이러한 문화의 범주에 포함된다.

셋째, 문화는 상징체계이다.

문화는 상징적 의미를 창출하고 이를 공유화하는 과정과 밀접하게 연관되어 있다. 인간은 동물과 달리 상징을 활용함으로써 대상, 관계, 관념에 대해 가치와 의미를 부여한다. 그리고 상징적 의미를 매개로 상호작용과 의사소통이 이루어진다. 예술작품이나 문화콘텐츠는 모두 생활체계를 상징적 의미로 재해석해 낸 것이라고 할 수 있다.

넷째, 문화는 학습된다.

삶의 방식으로서의 문화는 사회생활 곳곳에 퍼져 있는 문화가 함께 살아가는 사람들의 산물인 동시에 학습된다.

다섯째, 문화는 변화한다.

과정과 발전으로서의 문화는 그 의미가 시대에 따라 변화된다는 것이다. 중세 후기에 최초로 문화라는 단어가 사용되었을 때에는 곡물 경작과 동물 사육, 즉 농업을 뜻했다. 그 후 문화는 정신의 계발을 묘사하는 단어로 변화했다. 문화라는 단어가 이런 차원의 의미를 지니게 되자 후에 개인의 능력 계발 전반까지 문화에 포함하게 되었고, 나아가 사회적 · 역사적 과정 전반을 포함하는 더 광범위한 개념으로 확대되었다.

사례 2 한국 가족생활문화

한국의 가족생활은 다른 나라와 구별되는 고유한 특징이 있다. 가족문화는 각 가정마다 차이가 있고, 지역에 따라 차이가 있다. 한국은 전통적으로 유교문화의 영향을 받았다. 이에 한국가족문화는 유교문화권 국가들과 유사한 측면이 많지만 급속한 산업화 과정을 거치면서 한국의 가족문화도 점차 변하고 있다.

[가족관계]

- 가족원 한 사람 한 사람의 행복 못지않게 가족 간의 화목을 중요하게 생각한다.

- 가족 내 위, 아래의 순위와 질서를 중요하게 여긴다. 가정에서는 부모, 조부모, 친척 중 웃어른을 공경할 것을 가르친다.
- 부모-자녀 관계가 특별하다. 한국부모는 자녀에 대한 사랑이 지극한 편이다. 때로는 이러한 사랑이 지나쳐서 자녀를 의존적으로 만들기도 한다.
- 성인자녀와 노부모 간의 관계를 보면 부모 부양에서 '직계가족규범'은 약화되었으나 교류는 증가하고 있고 관계의 질도 개선되고 있다.

[부부관계]

- 부부 간의 관계도 좋아야 하지만 가족 내에서 자녀로서의 역할, 부모로서의 역할을 잘 수행하는 것도 중요하게 여긴다.
- 과거에는 집안일이나 아이를 키우는 일은 여자의 일로 생각해 왔다. 그러나 최근에는 남자들도 집안일이나 아이를 키우는 일에 함께 참여하는 방향으로 바뀌고 있다.
- 전통적인 한국 남성들은 아내에게 애정표현을 잘 못하는 편이다. 특히 과거에는 부모님이나 가족들 앞에서 아내에 대한 칭찬이나 애정표현하는 것을 못난 사람이 하는 행동으로 생각해 왔기 때문에 조심하는 편이다.

[언어예절]

'호칭'이란 어떤 사람을 직접 부르는 말이고, '지칭'이란 어떤 사람을 다른 사람에게 말할 때 가리키는 말인데 모두 말할 때는 '칭호'라 한다. 한국에서는 다른 나라와 달라 같은 대상이라도 경우에 따라 여러 가지로 부르거나 말하게 된다. 또 순수한 우리말 칭호와 한자말이 섞여서 쓰이고 있다. 때문에 호칭이나 지칭을 잘못 쓰면 무례한 사람이 된다.

한국에서는 가족관계에서 서로 예의를 가지고 부르는 호칭이 있다. 남편과 아내의 경우 '여보, 당신, ㅇㅇ엄마, ㅇㅇ아빠' 등으로 부른다. 손윗사람인 경우에 존댓말을 사용하고, 손아랫사람에게는 주로 보통말을 사용한다.

[탄생의례]

- 백일 : 한국에서는 아기가 태어난 지 백일 되는 날을 기념한다. 백일 음식으로 백설기, 붉은팥으로 만든 수수경단, 미역국을 마련하고, 깨끗한 새 옷을 입혀 축하해 준다.
- 돌 : 아기가 태어난 지 1년 되는 첫 생일에 친척 및 친지들을 초대하여 돌잔치를 한다. 아기에게는 한복을 입히고 돌상을 차려준다. 전통적으로 돌상에는 백설기, 송편, 수수경단을 마련하고, 과일, 실, 쌀, 돈, 연필, 책(최근에는 청진기, 마이크 등을 올려놓기도 한다) 등을 올려놓은 다음, 돌잡이(아기가 무엇을 잡는지 봄)를 하고 덕담(좋은 말)과 함께 선물을 준다. 최근에는 식당에서 돌상을 준비해 주는 경우도 있다.

5 상황적 요인

1) 상황적 요인의 개념

고객은 언제, 어디서, 어떻게 그 상표(제품)를 이용하는가에 따라 구매 의사결정이 달라질 수 있다. 즉 어떤 상황에 필요한 제품인가에 따라 고객 구매행동에 영향을 준다. 결국 상황적 요인(situational factors)이란 특정한 시간이나 장소, 그리고 환경 등에서 일어나는 일시적인 조건이나 상태들로서 고객행동에 영향을 미치는 요인이다. 이처럼 고객들은 제품이나 서비스 자체의 특성과 무관하게 다양한 상황적 변수들에 영향을 받아 구매 의사결정을 한다. 예를 들어 자신이 집에서 마시는 커피와 손님에게 접대하는 커피의 종류와 상표는 달라질 수 있다.

2) 상황요인의 종류

고객은 어떠한 제품을 구매하고 소비하는 행동에 있어 다음과 같은 상황요인들에 의해 영향을 받게 된다.

첫째, 물리적 환경

고객행동에 영향을 미치는 모든 형태의 비인적 요인들로서 지리적 위치, 실내장식, 음향, 조명, 냄새, 진열, 색상 등을 의미한다.

둘째, 사회적 환경

고객행동에 영향을 미치는 인적 요인들로서 타인의 존재여부, 타인의 특성이나 역할, 상호작용 등이 포함된다. 이처럼 고객행동은 주변 사람들에 의하여 어느 정도 영향을 받는다.

셋째, 시간

계절, 시간제약, 소요시간 등과 같은 시간과 관련된 상황적 요인들이다. 일반적으로 시간에 제약을 받는 고객일 경우 정보를 탐색할 시간도 줄어들게 된다.

넷째, 구매과업

특정한 제품을 구매하거나 소비하고 싶은 욕구를 발생시키는 과업과 관련된 요인들이다. 이것은 고객의 구매동기와도 같은 의미로서 상황에 따라 특정한 구매를 할 수밖에 없을 때 발생한다. 예를 들어 자기 자식의 결혼반지를 살 때와 자신의 것을 살 때와는 다른 동기와 상황에 처하게 된다.

다섯째, 선행상태

고객이 구매하거나 소비하는 동안 고객이 경험하게 되는 생리적, 인지적, 감정적인 상태를 의미하며 피곤함, 기쁨 등이 포함될 수 있다. 이러한 고객의 기분과 같은 선행상태는 고객마음의 내적인 요인이다.

이러한 상황요인들은 한 가지 제품을 구매하면서 동시에 나타날 수 있다. 예를 들어 가족이 저녁 이후 함께 먹을 후식으로 케이크를 구매할 경우, 상황요인들은 집이라는 물리적인 환경과 가족이라는 사회적 환경, 그리고 저녁 이후라는 시간적 요인과 가족이 함께 먹기 위한 구매과업 요인에 영향을 받게 된다.

3) 상황의 유형

고객행동에 영향을 미치는 외적 요인으로서의 상황은 소비상황, 구매상황, 그리고 커뮤니케이션 상황으로 나눌 수 있다.

(1) 소비상황

소비상황은 제품을 사용하는 과정에서 영향을 미치는 상황을 의미한다. 그 예로써 혼자 집에서 식사할 경우에는 두세 가지 반찬으로 먹다가 손님이 온 경우에는 일고여덟 가지의 반찬을 준비하는 것과 같다. 이러한 상황은 미리 예측이 가능한 경우가 대부분이지만 그렇지 않은 경우도 있다. 즉 남편이 갑자기 친구를 초대하여 집으로 온다든지, 자동차의 배터리가 갑자기 방전되어 교체해야 할 경우는 예측하지 못한 상황이다. 이 같은 상황에서 고객은 대부분 비교할 대안의 시간이 없고 신속하게 구매해야 하기 때문에 평소와는 다른 구매패턴을 보일 수 있다.

(2) 구매상황

구매상황은 제품을 구매하는 과정에서 영향을 미치는 요인들이다. 즉 점포 내 환경, 제품의 진열 유무, 쇼핑편의, 가격변화, 기분상태 등과 같은 상황적 요인들이다. 고객이 구매 당시 기분이 어떠한지에 따라 제품에 대한 정보탐색이나 기억에 영향을 미치게 된다. 구매상황 또한 소비상황과 마찬가지로 예측하지 못한 상황이 있을 수 있다. 구매과정에서 시간이 너무 촉박하여 구매를 다음으로 미루는 경우도 발생한다.

(3) 커뮤니케이션 상황

커뮤니케이션 상황은 고객이 인적, 비인적 매체를 통해 제품 정보에 노출되는 환경을 의미한다. 다시 말해 친구와 같은 인적 매체나 광고와 같은 비인적 매체 환경을 통하여 정보를 얻을 수 있다. 이러한 커뮤니케이션 상황에 따라 고객들은 지각하고 이해하고 정보를 보유하는 데 영향을 받게 될 것이다. 어떠한 상황에서 매체를 통하여 정보를 얻게 되는가 하는 것은 고객행동에 영향을 미칠 수 있다. 한 예로써 카페라는 환경과 집이라는 환경에서 얻는 정보(광고)는 차이가 있을 수 있다.

[그림 2-7] 상황적 요인과 고객행동

사례 3 고객심리를 이용한 마케팅

시간에 대한 사람들의 심리를 잘 이용하고 있는 대표적인 채널 TV홈쇼핑이 있다. 사람들은 왠지 한정판이 더 희소성이 있고 좋다는 판단을 하는데 한정판은 이런 소비자들에게 두 가지의 심리를 자극한다. 시간과 희귀(소량)의 부분이다.

마케팅 성공사례의 단골 소재인 데이터마이닝과 시간, 희귀는 무엇을 의미할까?

한정된 시간은 소비자들로 하여금 소비욕구를 자극한다.

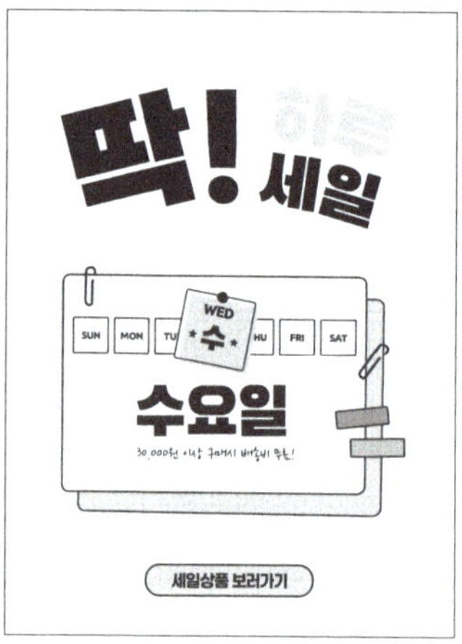

지금이 아니면 살 수 없다는 강박관념과 평상시 사고 싶던 물건이면 바로 직접적인 구매로까지 이끌어내는 힘을 가졌다. 또한 별로 관심이 없었던 물건을 충동구매하기도 한다. TV홈쇼핑 같은 경우가 대표적인 사례로써 한정판매 혹은 마감임박, 주문폭주, 내일까지만 판매, 1시간만 세일, 마지막 판매 등 급박한 상황을 연출함으로써 소비자의 충동구매를 자극하여 한정적인 구매에 대한 소비자의 심리를 이용한 마케팅 사례로 볼 수 있다.

– 제일좋은전람

참고문헌

김세범 · 전영종 · 허남일(2000), 소비자행동론, 형설출판사

김연화(1999), 방과 후 아동지도 프로그램에 대한 사회계층별 요구조사, 연세대학교 교육대학원 석사학위논문

네이버 지식백과, 가족의 기능, 두산백과

네이버 지식백과, 가족(families, 家族), 한국민족문화대백과사전, 한국학중앙연구원

네이버 지식백과, 가족생활문화, 한국생활가이드북, 다누리, 여성가족부, 한국건강가정진흥원

네이버 지식백과, 계층(階層), (주)신원문화사

네이버 지식백과, 문화(文化), 국어국문학자료사전, 한국사전연구사, 1998

네이버 지식백과, 문화의 어원, 문화 · 스포츠관련 국제기구 지식정보원, 한국학술정보(주), 2009. 7.31

네이버 지식백과, 사회계층(社會階層, social stratum), 교육학용어사전, 하우동설, 1995.6.29

박응임(1988), 사회계층에 따른 가정환경이 아동의 사회적 능력에 미치는 영향, 이화여자대학교 대학원 석사학위논문

송준수(1998), 교육사회학, 교육과학사

http://blog.naver.com/PostView.nhn?blogId=goodfair365&logNo=220013257344

CHAPTER 3 고객행동 이해하기

고객행동은 내적 요인의 영향을 받는다

고객행동에 영향을 미치는 내적 요인에는 동기, 지각, 학습, 태도, 성격, 라이프스타일 등이 있다. 고객행동의 내적 요인은 고객 개인적인 요인으로서 제품이나 서비스를 구매하는 과정에서 자기 스스로의 내면에서 일어나는 요인들을 의미한다.

1 동기

1) 동기의 개념

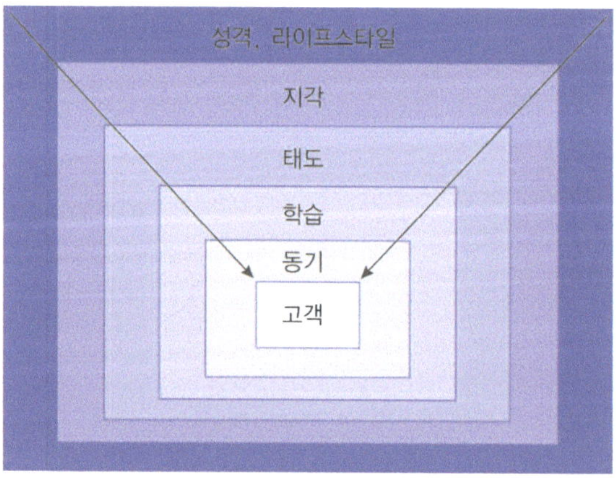

[그림 2-8] 고객행동의 내적 영향들

동기(motive)는 행동을 일으키게 하는 내적(內的)인 직접요인(直接要因)의 총칭이다. 심리학 용어로 동인(drive, 動因)[7]이라는 말과 거의 같은 뜻으로 사용한다. 동기는 사람이 욕구를 충족시키고자 할 때 발생한다. 특히 동기는 고객의 구매 의사결정과정의 첫 단계인 문제 인식 단계의 주요 요인이다. 이처럼 동기는 욕구와 밀접한 관계가 있다. 결국 동기는 고객행동에 영향을 주는 가장 근본적인 내적 요인이다.

2) 동기의 과정

사람은 어떤 개인적 동기에 의하여 행동한다. 바꾸어 말하면 사람의 행동은 각자의 필요와 욕구에 바탕을 둔 동기에 의해 유발되고 이러한 동기에는 위계가 있을 뿐만 아니라 동기화되는 과정이 있다. [그림 2-9]는 한 개인이 동기화된 상태에 들어갈 때 일어나는 흐름을 나타낸 것이다. 동기의 과정은 욕구 인식과 더불어 시작된다. 이러한 욕구 인식은 동인상태로 이어지고 여기서 동기유발이 되면 행동으로 옮겨져 욕구한 목표를 달성하게 된다.

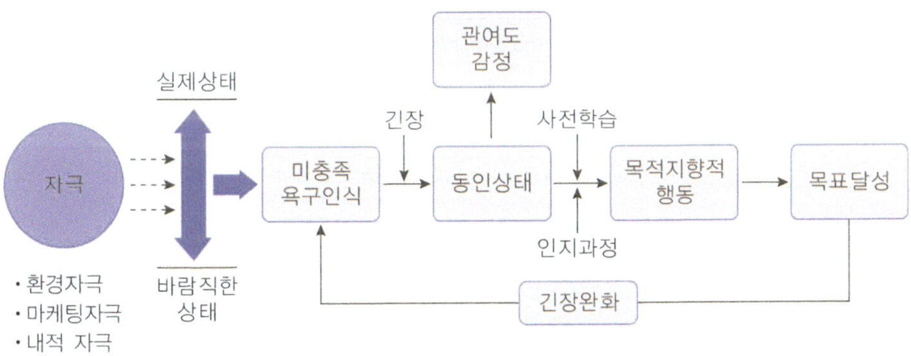

[그림 2-9] 동기 모델

3) 동기의 특성

동기는 개인적 욕구에 따라 모든 행동의 방향성을 제시하기 때문에 고객행동에서 중요한 위치를 차지하며 다음과 같은 특성을 지니고 있다.

첫째, 동기는 욕구에 기초한다.

욕구는 개인의 내부에 존재하는 육체적, 정신적 상태이고 동기는 이러한 조건을 통해 인식된 추진력을 갖춘 마음의 상태이다.

둘째, 동기는 행동의 방향을 제시한다.

동기는 욕구에 기초할 뿐만 아니라 고객욕구를 충족시키기 위하여 택하는 행동의 유형을 제시한다.

셋째, 동기는 고객의 긴장을 감소시킨다.

고객 동기가 추구하는 바는 긴장을 감소시키는 것이다. 즉 욕구를 해결함으로써 긴장을 해소하려고 한다.

넷째, 동기는 환경 내에서 작용한다.

고객이 처한 환경은 동기에 중요한 영향을 미친다. 즉 고객이 지니고 있는 내·외부적인 환경이 동기를 부여한다.

4) 동기 갈등

고객이 필요한 여러 가지 물건 중 한 가지만을 구매하려 할 때 흔히 갈등을 느낀다. 고객행동은 여러 개의 동기들과 복합적으로 결합되어 있기 때문이다. 동기가 비슷한 강도를 가질 때 갈등이 발생하기 쉽다. 비슷한 강도를 지닌 동기가 일으키는 3가지 유형의 갈등을 보면 다음과 같다.

첫째, 접근 - 접근 갈등(approach - approach conflict)

두 가지 대안에 대해 모두 긍정적인 매력을 느끼는 경우이다. 예를 들어 여름 휴가를 떠나기 위해 20만 원의 예산으로 가고 싶은 장소가 부산과 속초일 때 양자택일을 해야 하는 갈등을 느낀다.

둘째, 접근 - 회피 갈등(approach - avoidance conflict)

한 가지 목표대상에 대해 긍정적 매력과 부정적 특성을 모두 인식하고 있을 경우이다. 한 예로써 커피맛과 향을 무척 좋아하지만 마시면 잠이 오지 않는 경우에 고객은 갈등을 하게 된다.

셋째, 회피 - 회피 갈등(avoidance - avoidance conflict)

두 가지 대안에 대해 모두 부정적인 특성을 인식하고 있을 경우이다. 예를 들어 치아가 흔들리고 잇몸에서 피가 나는데 치과치료의 금전적 부담과 두려움으로 병원 가는 것에 대해 갈등을 느낀다.

5) 욕구

인간행동은 각자의 필요와 욕구에 바탕을 둔 동기(motive)에 의해 유발되고, 이러한 인간의 동기에는 위계가 있어서 각 욕구는 하위단계의 욕구들이 어느 정도 충족되었을 때 비로소 지배적인 욕구로 등장하게 되며 점차 상위욕구로 나아간다고 보았다.

(1) 욕구의 개념

욕구(needs)는 무엇을 얻거나 무슨 일을 하고자 바라는 것을 의미한다. 물은 식물이나 동물에게 절대적으로 필요하며 이것이 없을 때는 이를 얻기 위한 긴장상태가 된다. 이러한 긴장 또는 원인을 욕구라고 하며 동기요소가 된다. 인간의 욕구는 동물과는 다른 순수한 직접적인 형태로 행동에 나타나는 일은 드물다. 즉 유전적, 선천적으로 고정되어 있는 것이 아니고 그 기준이나 정도는 주관적, 상대적이며 경제, 사회, 문화의 조건에 의해 다르다.

(2) 욕구 5단계

인간의 욕구에는 치열한 경쟁 속에서 살아남으려는 생존 욕구부터 시작해 자아실현 욕구에 이르기까지 끝이 없다. 그런데 이런 인간의 욕구는 얼마나 다양하고 또 욕구 간에는 어떤 순차적인 단계가 있는 것일까? 이런 본질적인 질문에 대해 에이브러햄 매슬로(Abraham Maslow)는 1943년 인간 욕구에 관한 학설을 제안했다. 이른바 '매슬로의 인간 욕구 5단계 이론(Maslow's hierarchy of needs)'이다. 이 이론에 의하면 사람은 누구나 다섯 가지 욕구를 가지고 태어나는데 이들 다섯 가지 욕구에는 우선순위가 있어서 단계가 구분된다는 것이다.

사람은 가장 기초적 욕구인 생리적 욕구(physiological needs)를 맨 먼저 채우려 하며, 이 욕구가 어느 정도 만족되면 안전해지려는 욕구(safety needs)를, 안전 욕구가 어느 정도 만족되면 사랑과 소속 욕구(love&belonging)를, 그리고 더 나아가 존경 욕구(esteem)와 마지막 욕구인 자아실현 욕구(self-actualization)를 차례대로 만족하려 한다는 것이다. 즉, 사람은 5가지 욕구를 만족하려 하되 우선순위에 있어서 가장 기초적인 욕구부터 차례로 만족하려 한다는 것이다.

첫 번째 단계는 생리적 욕구이다.

숨쉬고, 먹고, 자고, 입는 등 우리 생활에 있어서 가장 기본적인 요소들이 포함된 단계이다. 사람이 하루 세 끼 밥을 먹는 것, 때마다 화장실에 가는 것, 그리고 종족 번식 본능 등이 이 단계에 해당한다.

두 번째 단계는 안전 욕구이다.

우리는 흔히 놀이동산에서 롤러코스터를 탈 때 '혹시 이 기구가 고장이 나서 내가 다치지는 않을까?' 하는 염려를 한다. 신체적, 감정적, 경제적 위험으로부터 보호받고 싶은 욕구이다.

세 번째 단계는 소속과 애정의 욕구이다.

누군가를 사랑하고 싶은 욕구, 어느 한 곳에 소속되고 싶은 욕구, 친구들과 교제하고 싶은 욕구, 가족을 이루고 싶은 욕구 등이 여기에 해당된다.

네 번째 단계는 존경 욕구이다.

우리가 흔히들 말하는 명예욕, 권력욕 등이 이 단계에 해당한다. 누군가로부터 높임을 받고 싶고, 주목과 인정을 받으려 하는 욕구이다. 그런데 존경 욕구 중에서 더 높은 욕구는 역량, 통달, 자신감, 독립심, 자유 같은 자존감이다.

다섯 번째 단계는 자아실현 욕구다.

매슬로는 최고 수준의 욕구로 이것을 강조했다. 모든 단계들이 기본적으로 충족돼야만 이뤄질 수 있는 마지막 단계로 자기 발전을 이루고 자신의 잠재력을 끌어내어 극대화할 수 있는 단계라 주장했다.

이러한 인간 욕구 5단계는 경영학에서 두 가지 의미로 널리 사용된다. 하나는 인사 분야에서 인간의 심리를 다루는 의미로 쓰인다. 그 예로는, 승진이나 보너스, 주택 전세금 대출 등 사원들에게 동기부여를 위한 다양한 보상의 방법을 만드는 데 사용한다. 사원들이 회사 생활을 좀 더 잘할 수 있도록 동기를 부여할 때 주로 사용한다 하여 '매슬로의 동기부여론'이라고도 부른다. 다른 하나는 마케팅 분야에서 소비자의 욕구를 채우기 위해 각 단계별로 다른 마케팅 전략을 적용하는 데 사용한다. 예를 들면, 채소를 구매하려는 소비자가 안전의 욕구를 갖고 있다고 가정하자. 마케팅 전략을 짜는 사람이라면 '건강'에 기초한 마케팅 전략을 구상해야 할 것이다. 마케팅 담당자가 고객의 욕구보다 더 높은 수준의 가치를 제공한다면, 고객만족을 실현할 수 있는 지름길이자 기회인 것이다.

물론 이 이론은 예외가 많아서 그의 제안 모두를 그대로 받아들이기는 어렵다. 비판의 핵심은 각각의 단계 구분이 모호하다는 것, 과학적 검증이 어렵고 실증적인 뒷받침이 없다는 점이다. 알더퍼(Alderfer)는 ERG 이론을 통해 매슬로의 5단계 이론을 존재 욕구(Existence needs), 관계 욕구(Relatedness needs), 성장 욕구(Growth needs) 이렇게 세 가지로 단순화했다. 더구나 그는 욕구의 우선순위를 부정하면서, 한 시점에 동시에 두 가지 욕구가 일어나기도 한다며 매슬로의 이론을 반박했다.

예컨대, 존경 욕구나 자아실현 욕구를 만족하기 위해 위험한 스포츠를 즐기는 사람이 있는가 하면 여러 욕구를 차례대로 만족하는 대신 이들을 동시에 만족시키려는 경우도 있다. 승용차를 구입하는 경우에는 신체적 편의라는 생리적 욕구에서부터 자아실현 욕구에 이르는 거의 모든 욕구가 관련돼 있을 가능성이 높다. 매슬로의 이론을 비판 없이 무조건 받아들일 수는 없지만 동기이론의 기초를 제시했다는 점에서 아직도 높이 평가하고 있다.

우리 삶에 있어서도 매슬로의 인간 욕구 5단계 이론은 큰 의미를 지닌다. 인간은 무엇을 위해 사는가에 대한 답을 주고 인생을 어떻게 살아갈 것인가를 자문하게 만든다. 이 이론은 한계점이 있음에도 불구하고 심리학, 마케팅, 조직론 등 많은 분야에서 널리 활용하고 있다.

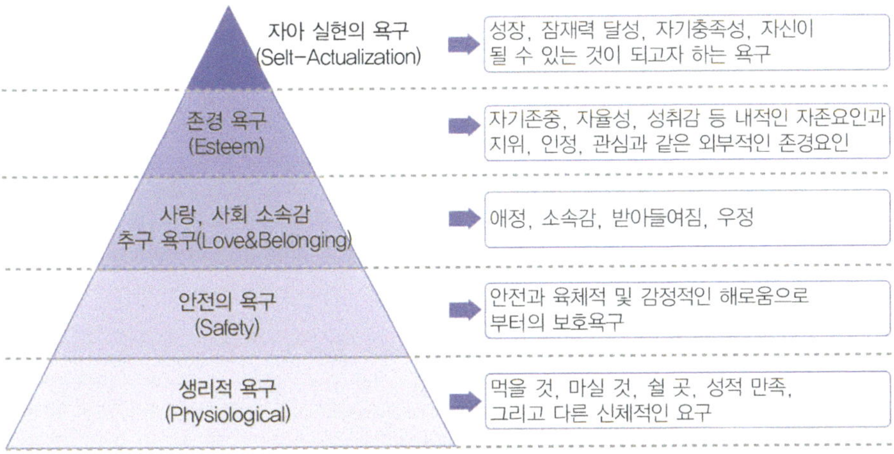

[그림 2-10] 매슬로의 욕구 5단계(Hierarchy of Needs)

6) 동기와 욕구

욕구가 직접 어떤 행동을 일으키는 원동력이 될 때를 동인(drive)이라고 한다. 이러한 동인은 행동을 목표로 할 때 동기라고도 한다. 사람은 욕구를 바탕으로 그것을 해결하고자 하는 추진력이 생기고 이러한 추진력이 동기이며 동기는 곧 행동으로 옮겨지는 계기가 된다. 따라서 욕구는 고객행동을 유발시키는 동기의 직접적인 원인을 제공한다. 예를 들어 몹시 배가 고픈 고객은 무언가를 먹고 싶은 욕구가 생기고 이러한 욕구는 내면적으로 긴장상태를 만든다. 배고픈 고객은 이러한 긴장상태를 줄이기 위해 베이커리 숍에 들러 빵을 사야겠다는 동기가 발생한다. 결국 이 고객은 허기진 배를 채우기 위해 먹고 싶은 욕구가 동기가 되어 빵(혹은 대체안)을 구매하는 행동으로 이어진다.

2 학습

1) 학습의 개념

학습(learning)이란 경험에서 나오는 개인행동으로 지식, 태도, 행위의 변화로 이루어진다. 사람은 어떤 것들을 기억하기 위해서는 단순히 뇌에 저장되는 것이 아니라 그 정보가 부호화[8])되어야 한다. 이렇듯 기억과 학습은 연관성이 있으나 학습에는 기억 이상의 것들이 있다. 즉 고객은 자신이 원하는 제품을 구매하고 소비함으로써 그 상표에 대해 좋고 싫어하는 특징을 배우게 된다. 고객행동을 이해하기 위해서는 이러한 학습과정을 해석할 수 있어야 한다. 고객의 학습은 직접적인 경험뿐만 아니라 제품판매 종사원, 광고매체, 친구, 동료 등 정보의 원천으로부터 탐색된 제품정보에 의한 간접적인 경험을 통하여 이루어진다. 이처럼 고객은 제품의 직접 경험이나 외부정보에 의하여 그 제품에 대한 기존의 지식, 태도 및 행동을 변화시킬 수 있는데 이것을 학습이라고 한다.

2) 학습의 구성요소

학습에 영향을 주는 경험은 직접적(제품을 통해)일 수도 있고 간접적(누군가의 제품 사용을 관찰함으로써)일 수도 있다. 일반적으로 학습은 다섯 가지 요소, 즉 내적 추동, 단서 자극, 반응, 강화, 유지로 구성된다.

(1) 내적 추동

추동(推動)이라는 의미는 어떤 일이 추진되기 위하여 힘이 가해지는 것이다. 한 예로써 심한 갈증을 느끼는 사람은 물을 얻기 위해 추동된다. 심리학자 클라크 헐(Clark Leonard Hull)은 동물과 사람이 추동이라는 동기상태 때문에 행동을 한다고 믿었다. 이것은 학습을 위한 행위를 동기화한다. 공포나 행복과 같은 정서적 반응이 학습에 동기를 부여한다.

(2) 단서 자극

학습을 촉진하는 외적 자극이 있을 때 단서 자극이 된다. 그러한 자극은 광고, 구매시점 디스플레이 혹은 리플릿 등이 될 수 있다. 단서는 보통 학습과정에서 내적 추동만큼 영향력이 강하지는 않다.

(3) 반응

이것은 고객이 내적 추동과 단서 자극에 반응하는 방식을 말한다. 내적 추동과 단서가 함께 있으면 구매 가능성은 훨씬 증가한다. 그러나 반복 구매는 제품 사용 후에 얻는 경험에 의존하고 추동과 단서 반응의 결합에는 의존하지 않는다.

(4) 강화

고객은 특정 제품이나 서비스에 대한 구매소비의 결과로 어떤 형태의 긍정적 결과를 경험한다. 즉 다른 사람으로부터 혹은 제품의 기능성에서 매우 만족스러운 피드백을 얻을 때 강화를 받는다. 제품 구매가 긍정적으로 강화되지 못하면 고객은 자신의 욕구가 충족될 때까지 계속적으로 다른 제품을 시도한다.

(5) 유지

학습된 것이 장기기억에 저장되고 기억되는 것을 말한다.

대부분의 학습은 두 가지 사건에 대한 정신적 표상의 연합에 기초한다. 예컨대 벤츠 자동차와 럭셔리의 연합을 학습할 수 있다. 어떤 학습은 의도적이기도 하지만 대체로 고객 학습은 '우연적인' 것이 많다.

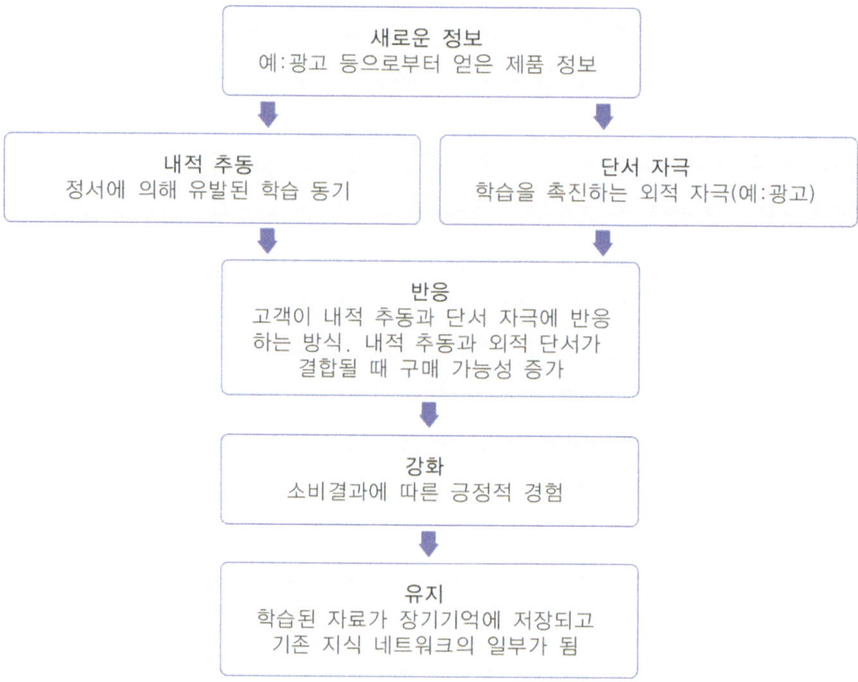

[그림 2-11] 학습의 다섯 가지 요소

3) 학습의 방법

고객은 일상생활에서 여러 가지 제품을 구매하고 소비하면서 의도적이든, 우연이든 여러 제품에 대한 정보에 노출된다. 이러한 노출된 정보에 의해 고객은 자신도 모르게 학습되고 이 같은 학습은 제품·서비스에 대한 생각과 행동을 변화시킬 수 있다. 고객에 있어 탁월한 제품이나 감동적인 서비스 등을 학습하는 것은 이후의 구매 의도와 구매 행동에 강력한 영향을 미치게 된다. 학습에 대한 연구 접근방법에는 인지적 접근방법과 행동적 접근방법, 그리고 대리학습이 있다.

첫째, 인지적 접근방법에서는 학습을 정의함에 있어 지식의 변화를 반영하는 것으로 보고 있으며, 정보가 장기 기억 속으로 어떻게 전환되는가에 초점을 맞추는 정신적 과정이다.

둘째, 행동적 접근방법은 전적으로 관찰할 수 있는 행동에 관심을 둔다. 때문에 학습을 정의할 때 자극과 반응 사이의 연상 때문에 일어나는 행동의 변화라고 하고 있다.

셋째, 대리학습은 인지적 학습과 행동적 학습의 절충에 해당된다. 개인이 타인의 행동과 그러한 행동의 결과를 관찰할 때 일어난다. 이 같은 형태의 학습은 많은 광고에서 볼 수 있다. 고객이 특정 제품을 구매하여 사용하는 과정에서 긍정적인 결과를 가져오는 모습을 그리는 것이다. 한 예로써 세탁기 세제의 광고에서 옷이 깨끗하게 세탁되고 향기가 좋은 모습으로 가족들에게 사랑받게 되는 장면을 보여준다.

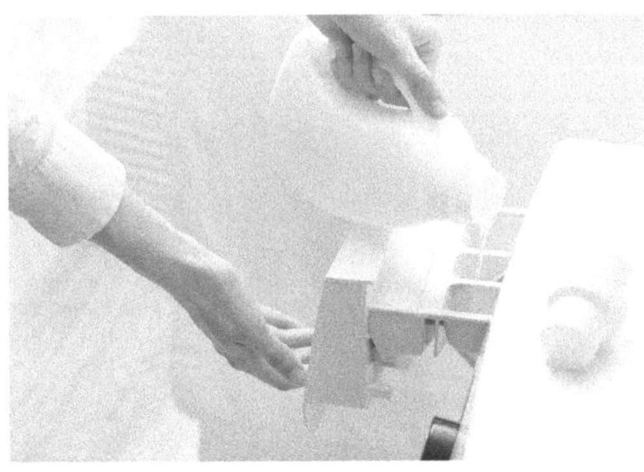

3 태도

1) 태도의 개념

태도(attitude)는 자연적 혹은 사회적 환경에서 특수한 대상이나 계급적 대상을 향한 개인의 인지적, 정서적, 행동적 지향을 말한다. 즉 태도는 특정한 사람이나 대상에 대한 인지적 · 정서적 평가로, 행동 반응에 영향을 주는 준비상태를 가리키는 개념이다. 일반적으로 태도는 인지적 요소, 정서적 요소, 행동적 요소의 세 가지 요소로 구성된다. 태도는 신념(굳게 믿는 마음)과 관계될 수 있지만, 더 일반적으로는 신념에 요구되는 논리적인 조직의 수준을 갖지는 않는다.

태도는 '정신적, 신경적 준비상태로서 경험을 통하여 준비되고 서로 관계된 모든 대상이나 상황에 대한 개인적 반응에 직접적, 혹은 역동적 영향력을 행사한다.' 태도와 행동은 밀접한 관계가 있다. 행동의 배후에 있으며 현재의 상황적 요소와 결합함으로써 행동을 결정하는 것으로 보여진다. 결과적으로 태도는 고객행동에 있어 내적 요인의 하나로 고객의 학습된 경향이며 어느 특정 상표에 대해 전체적으로 좋다, 나쁘다를 평가하는 것이다.

2) 태도의 구성요소

이처럼 태도는 인지적 요소, 감정적 요소, 행동적 요소의 3요소로 구성되어 있다. 이러한 태도의 3요소는 전통적인 견해로서 인지적 요소는 어떤 대상에 대해 사람이 가지고 있는 지식이나 신념을 의미한다. 지식이나 신념은 대상을 직접 경험하거나 여러 원천으로부터 관련된 정보를 얻음으로써 가지게 된다. 예를 들어 맥주 중에 '카스는 부드러운 맛이다'라고 믿게 되는 것과 같은 것이다. 감정적 요소는 대상에 대한 느낌이나 평가를 말한다. 즉 '나는 카스를 좋아한다' 또는 '나는 카스를 싫어한다'고 말하는 것은 태도에 있어서 감정적 요소이다. 그리고 행동적 요소는 어떤 대상에 대한 행동성향으로서 특정 대상에 대하여 특정한 행동을 취하려는 경향이나 가능성과 관련이 있다. '나는 카스를 구입하려고 한다'라는 것은 구매의도라는 행동성향을 나타낸다.

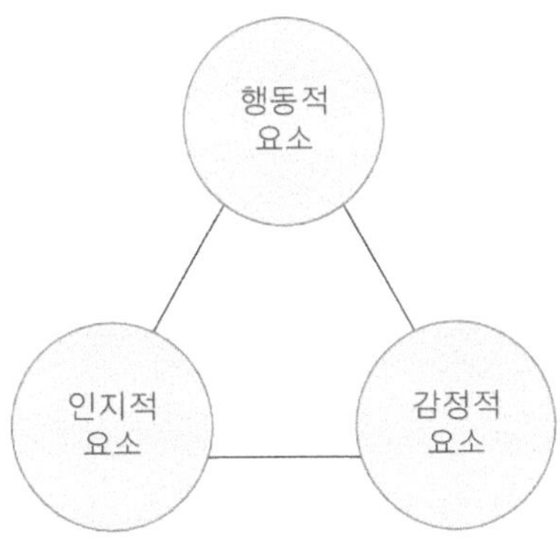

[그림 2-12] 태도의 모델

그러나 태도에 대한 새로운 견해는 태도가 3요소로 구성된다는 관점에서 벗어나 태도를 긍정적 또는 부정적으로 보게 되었다. 즉 [그림 2-13]에서 보는 것과 같이 전통적 견해의 3요소 중 감정적 요소만을 태도로 보고, 태도는 인지(또는 신념)에 의해 형성되며 구매행동 의도는 태도에 의해 결정된다는 것이다.

[그림 2-13] 태도의 신 모델

3) 태도의 특성

태도에 대한 특성을 살펴보면 다음과 같다.

○ 태도는 대상을 가진다

태도는 그 대상이 있다. 여기서 대상이란 제품일 수 있고 상표, 서비스, 광고, 가격, 매체, 소유물 또는 소매 점포와 같은 소비나 마케팅에 관련된 내용일 수 있다. 태도에 관한 조사는 일반적으로 특정 대상에 대하여 실시한다. 즉 국내 자동차 메이커에 대한 고객들의 태도에 대하여 조사할 경우 그 대상은 아마도 현대자동차, 기아자동차에 관한 내용이 될 것이다.

○ 태도는 일관성을 가진다

고객이 어떤 제품이나 서비스에 대해 가지고 있는 태도는 일시적인 것이 아니라 일관성 있게 지속적으로 계속 유지될 수 있는 것이다. 물론 태도가 영구적인 것은 아니며 태도도 변하게 된다. 일관성이라는 것은 고객들의 행동이 그들의 태도와 부합한다는 것이다.

○ 태도는 학습된다

태도는 가족이나 동료집단, 친지, 친구, 매체 또는 판매원으로부터 얻은 정보와 개인적 경험, 개성 등에 의해 영향을 받는다. 그리고 학습과정을 통하여 시간이 경과함에 따라 태도는 형성된다. 태도가 이런 경험과정을 거쳐 학습되기 때문에 고객의 태도는 변화될 수 있다.

○ 태도는 방향성과 강도를 가진다

태도는 긍정적일 수도 있고 부정적일 수도 있다. 즉 고객은 어떤 제품이나 서비스에 대해서 '좋다, 싫다'처럼 방향을 다르게 판단한다. 그리고 태도는 강도를 갖는다. 고객들은 자신의 태도가 얼마나 강한가, 약한가에 따라 행동으로 이어지는 것을 달리할 수 있다.

4) 태도의 형성과정

태도가 형성되는 과정은 크게 일관성 유지에 의한 형성, 학습에 의한 형성, 손익계산에 의한 형성 이론으로 설명된다.

(1) 일관성 유지에 의한 형성

일관성 유지에 의한 태도 형성은 사람이 자신의 태도와 신념, 행동을 일관성 있게 유지하려는 경향이 있다는 것에 초점을 맞춘다. 여기에는 인지-정서 일관성 이론, 인지 부조화 이론, 균형 이론 등이 있다. 인지-정서 일관성 이론은 태도 대상에 대한 인지와 감정에서 사람들이 일관성을 추구하는 경향이 있다는 이론이다. 따라서 서로 일치하지 않는 인지와 감정을 같게 만들기 위해 노력하며, 인지가 감정을 변화시키거나 반대의 경우도 나타날 수 있다.

(2) 학습에 의한 형성

학습에 의해 태도가 형성된다는 관점은 특정 태도의 결과가 유익하면 그 태도를 반복하여 그 결과 특정 태도가 강화된다고 본다.

- 고전적 조건화는 두 가지 상황이 시공간적으로 가까운 상태에서 순차적이고 반복적으로 일어날 경우에 형성된다. 즉, 선행하는 자극과 이후의 자극이 순차적으로 나타나는 과정이 계속해서 일어나면 두 자극이 연합되고, 첫 번째 자극은 두 번째 자극을 예고한다. 예를 들어, 광고에서 유명인과 특정 상품을 함께 등장시키는 것은 중립 자극인 상품에 유명인에 대한 호의적인 태도를 연합시키려는 것이다.
- 조작적 조건화는, 어떠한 행동을 하고 보상을 받으면 이후에 그 행동을 하는 빈도가 증가하고, 그것에 대한 호의적인 태도를 형성하게 된다는 원리이다.
- 사회 학습(모방)을 통한 태도 형성은 개인이 존경하거나 영향력이 큰 사람들의 행동이나 태도를 모방하는 것으로, 부모를 따라 부모와 유사한 태도를 형성하는 아동의 예가 대표적이다.

(3) 손익계산에 의한 형성

손익계산에 의해 태도가 형성된다고 보는 관점은 행위가 가져올 결과의 긍정적 측면과 부정적 측면을 고려하여 태도를 형성한다고 본다. 대표적인 이론으로 기대 x가치 이론이 있는데, 여기서 인간은 합리적으로 계산하여 이익을 극대화하려는 태도를 형성한다고 전제한다. 즉, 인간은 결정을 할 때 행동이나 태도가 초래할 결과에 대한 기대와 그 결과가 실제로 일어날 확률을 곱해서 그 값이 클수록 태도가 형성될 가능성이 높아진다. 개인이 예측하기에 기대하는 결과가 실제로 일어날 확률이 낮으면 행동에 대한 동기나 실천하려는 의지가 낮아지고, 결과가 가져올 기댓값이 만족스럽지 못하다고 생각되는 때에도 역시 동기와 실천력이 떨어진다.

4 지각

1) 지각의 개념

사람은 눈으로 보거나 귀로 듣거나 혹은 코로 냄새를 맡거나 손으로 만지면서 자신 밖의 사물들을 지각하는 능력이 있다. 이때 외부로부터의 자극이 몸의 감각기관을 통하여 지각하게 된다. 이렇듯 지각(perception)[9]은 자극과 감각이라는 용어와 함께 이해할 필요가 있다. 자극은 어떠한 작용을 주어 감각이나 마음에 반응이 일어나게 하는 것이고 감각은 눈, 코, 귀, 혀, 피부 등을 통하여 바깥의 어떤 자극을 알아차리는 것을 의미한다. 따라서 지각이란 외부로부터 자극된 감각을 어떻게 받아들이고 선택하며 해석하는가에 따라 달라지는 다분히 개인적인 인식이다. 이처럼 지각은 주위의 사물들을 받아들이는 과정에서 개인의 욕구, 가치, 기대에 근거하여 받아들이기 때문에 같은 사물이라고 할지라도 다르게 인식할 수 있다. 때문에 일반적으로 어떤 대상에 대한 지각은 주관적이라 할 수 있다.

우리의 지각은 눈에 보이는 정보만으로 결정되는 것은 아니며 내부의 흔들림 상태도 많은 영향을 미친다. 즉 보고 싶은 대로 볼 수 있는 것은 아니다. 사물을 '보다'라고 말하지만 망막에 도달하는 빛의 물리적 성질에 따라 사물의 모습이 결정되는 것은 아니다. 그 빛을 어떻게 해석하느냐는 우리 뇌의 문제이다. 다시 말해 동일한 풍경을 바라봐도 즐거울 때 보느냐 우울할 때 보느냐에 따라 그 '보이는 모습'은 전혀 달라질 수 있다. 우리 뇌의 내면은 사물이 보이는 '모습'을 그렇게 규정한다.

한 예로써 종종 자극의 한 부분이 전경인지 배경인지 모호한 경우가 있으며 두 가지의 다른 방식으로 지각되는 현상, 즉 전경-배경[10]의 반전(figure-ground reversal)이 나타나기도 한다. 전경-배경의 반전 현상은 제한된 정보처리 용량이 어느 순간 하나의 자극에 초점을 두도록 하기 때문에 발생한다. [그림 2-14]에서 두 가지 패턴에 번갈아 초점을 이동하면서 보면 전경-배경의 조직화가 어떻게 일어나는지를 이해할 수 있다.

고객은 한 순간에 하나의 자극에만 초점을 두기 때문에 특정 자극이 포컬 포인트(focal point)가 되도록 해야만 한다. 전경은 알리고자 하는 대표적인 정보이고 배경은 전경을 지원하는 정보이다. 전경-배경의 원리를 사용할 때, 고객이 쉽게 주목하는 몇 개의 정보를 생략함으로써 단기기억에서 처리할 정보의 용량을 감소시켜줄 수 있다. 그렇게 함으로써 고객은 정보처리를 쉽게 하고 추후 회상을 촉진할 수 있다.

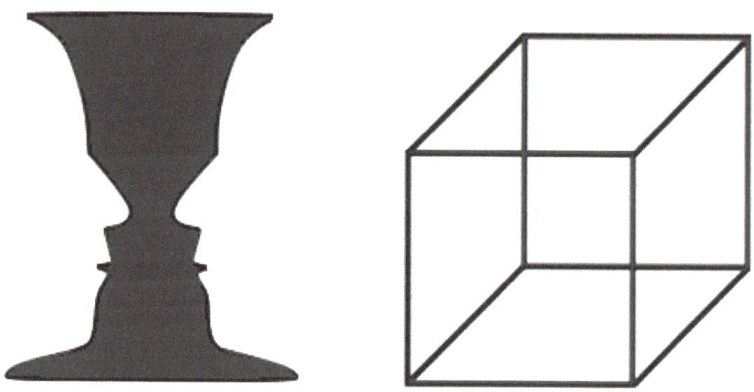

* 전경으로 보이는 것과 배경으로 보이는 것이 관찰자에 따라 변할 수 있다.

[그림 2-14] 전경-배경의 반전

2) 지각된 품질

고객들은 제품을 구매하기 전이나 구매한 이후에 다양한 정보와 경험을 통하여 제품과 서비스의 품질을 판단한다. 지각된 품질(perceived quality)을 통하여 판단을 하는데 그 내용은 가격, 포장, 이미지, 위치, 시설, 직원 등과 같은 유형의 제품 품질, 무형의 서비스 품질이 해당된다.

(1) 제품의 지각된 품질

제품의 지각된 품질 내용은 주로 크기, 색깔, 맛, 향기 등과 같은 제품 자체의 물리적 특성과 관련된 것이다. 고객들은 제품을 구매하기 전에도 그 제품에 관해서 평가하는데 이같이 실제 경험이 없는 경우는 가격, 회사 이미지, 포장, 색깔, 구전, 이전 경험, 광고 등을 통해서 판단하게 된다.

(2) 서비스의 지각된 품질

서비스 품질은 제품 품질보다 판단하기가 더욱 어렵다. 서비스는 무형성, 동시성, 이질성, 소멸성 등의 특성이 있기 때문이다. 서비스 품질은 고객에 의해 주관적으로 인지되는 품질로 이를 객관적인 품질과 구별하여 '지각된 품질(perceived quality)'이라 말하고 있다. 이러한 '지각된 품질'은 [그림 2-15]와 같이 서비스 품질을 기술적(technical) 차원과 기능적(functional) 차원으로 나누어 전자는 고객이 서비스기업과의 상호작용에서 무엇(what)을 받느냐의 결과품질(outcome quality)로서, 이는 서비스가 끝난 뒤 고객에게 남는 것으로 기술적 품질(technical quality)이라고 한다. 그리고 후자인 기능적 차원은 고객이 서비스를 어떻게(how) 받는가 또는 서비스 제조과정을 어떻게 경험하는가를 나타내는 과정품질(process quality)이다. 이는 고객과 기업 간의 상호작용에서 여러 MOT(moment of truth)[11]가 어떻게 이루어지는가, 서비스 제공자가 어떻게 기능을 수행하는가를 나타내는 과정으로 기능적 품질(functional quality)이라 부른다.

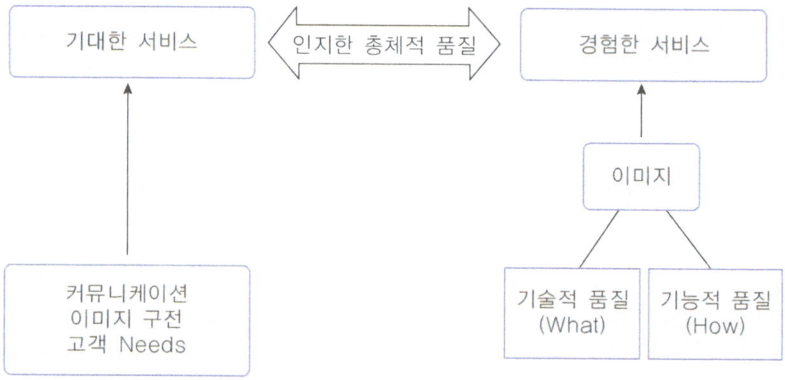

[그림 2-15] 지각된 서비스 품질

자료 : Grönroos, C.(1990)

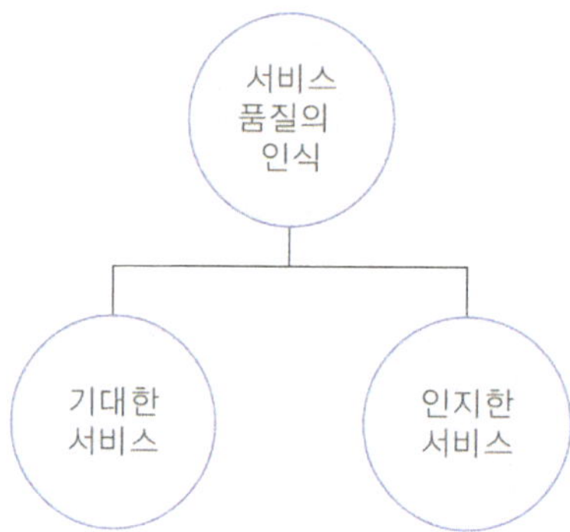

[그림 2-16] 서비스 품질의 인식

한편 서비스 품질은 '기대(expectation)와 성과(performance)의 비교에 의해 결정'된다. 즉 고객이 지각한 서비스 품질은 '서비스 기업이 제공해야만 한다고 느끼는 고객의 기대와 서비스를 제공한 기업의 성과에 대한 고객의 인식을 비교'하는 것이다. 그러므로 서비스 기대와 서비스 경험을 비교한 결과 서비스 품질이 인식되는데 이것은 고객의 기대와 인식 사이에 있는 불일치의 정도와 방향이라고 볼 수 있다. [그림 2-16]은 고객이 서비스 품질을 어떻게 지각하는가를 보여주고 있다.

이상으로 볼 때 서비스 품질은 '기업이 제공한 제반 서비스에 대해 고객이 인식한 결과의 산물'이라고 할 수 있다.

한편 [그림 2-17]과 같이 기대는 구전(word of mouth), 개인적 니즈(needs), 과거경험 등에 근거하며 이러한 기대보다 인지가 높을 경우 서비스는 특별한 품질로 인식되어 고객감동으로 이어진다. 반면 기대에 미치지 못할 경우 서비스 품질은 수용 불가능한 것으로 여겨진다. 그리고 서비스 품질의 다양한 측면에 대한 측정을 위해 파라슈라만(Parasuraman)12) 등의 학자에 의해 개발된 5개의 서비스 품질차원을 보여주고 있다.

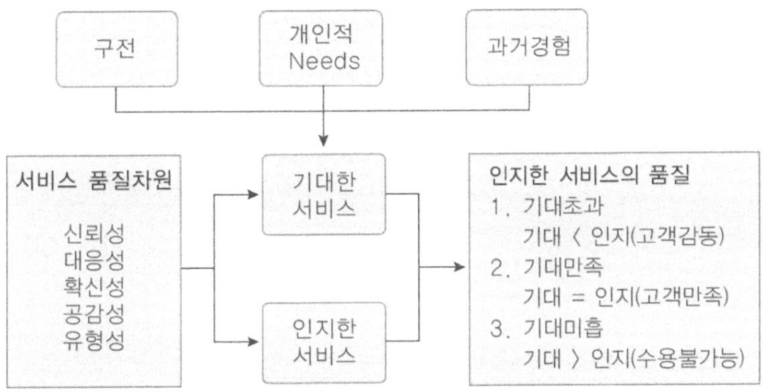

[그림 2-17] 지각된 서비스 품질

〈표 2-1〉은 이러한 5개의 서비스 품질 결정요인과 내용을 나타내고 있다.

〈표 2-1〉 서비스 품질 결정요인

서비스 품질 결정요인(차원)	내용
신뢰성	약속된 서비스를 정확하게 수행할 수 있는 능력(서비스 수행, 시간엄수 등)
대응성	신속한 서비스를 제공하고자 하는 의지와 준비성(종업원의 의지, 즉각적인 조치 및 반응 등)
확신성	서비스 수행을 위해 필요한 기술과 지식의 보유(종업원의 기능과 지식, 친절 등)
공감성	고객에 대한 개인적인 관심을 보여줄 준비성(특별고객의 요구사항에 대한 이해 정도)
유형성	서비스의 외형적인 증거(물리적 시설, 직원외모, 장비 등)

5 성격

1) 성격의 개념

성격(personality)은 개인을 특징짓는 지속적이며 일관된 행동양식이다. 커텔(Cattell)[13]은 성격이란 어떠한 주어진 상황에서 그가 어떠한 행동을 할 것인가를 우리들에게 예상케 하는 것이라고 하였다. 그러나 혹자는 성격을 조직화된 행동의 전체적인 모습이라 하고 특히 지인(知人)들에게 일관된 상태로서 특색이 인정되었을 때 결론지을 수 있는 것이라고 하였다. 그리고 성격을 주로 개인이 특히 그 자신답게 그가 속해 있는 집단 내에서 다른 사람으로부터 구별되는 행동에 관련된 것이라고 하였다.

성격에 대한 정의는 관점에 따라 달리 접근될 수 있으나 기본적인 특성으로는 독특성, 안정성, 내용성의 세 가지 측면으로 보는 것이 일반적인 접근방법이다. 즉 성격은 개인마다 환경에 적응하기 위해 각자가 독특한 방법을 가지고 있고 어떠한 상황과 장면에서도 지속적으로 안정되어 있다. 그리고 내 · 외적 통제감, 공격성 욕구 및 활동성향 등과 같은 행동특성과 관련되어 있다.

결국 성격은 개인이 환경에 적응해가는 과정에서 일관성을 가지고 나타내는 독특한 사고방식으로서 다른 사람과 구별되는 개인적 특성이라고 할 수 있다.

2) 성격의 형성

(1) 신체의 성격 형성

성격은 정신 물리적 통일체로써 파악되는 것이므로 신체가 성격의 기초가 된다. 그리고 성격의 체질적인 기초는 거의 유전에 의하여 규정된다고 한다. 또한 신체 및 그 기능은 성격형성에 많은 역할을 한다.

예를 들어 신체가 약소한 자는 운동경기, 기타 신체적 활동에 관한 장면에서 열등시되는 경험 때문에 사람들이 모인 곳에 나가려 하지 않는다거나, 남자다운 행동이 적다거나, 안정성이 없는 따위의 특성이 뚜렷해진다. 반대로 신체가 강대한 자는 이와는 반대로 신체적인 자신감에서 사람들 앞에 서슴없이 나타난다거나 남자다운 행동이 많아진다거나 안정성이 있는 등의 특성을 지니게 된다. 이와 같이 신체의 강약은 신체적인 면뿐만 아니라 심리적 성격 면까지 커다란 영향을 미치게 된다. 그러므로 아동의 체형(體型)이 그 성격에 어떤 영향을 미치는 것은 사실이다. 그것은 아동의 지능은 거의 대부분 신체적 운동을 통한 외계와의 접촉에 의하여 발달하는 것이며, 또 아동의 사회성은 친구들과의 놀이나 스포츠 등을 통하여 육성되기 때문이다.

(2) 습관의 성격 형성

성격 형성에서 습관이 지닌 역할은 매우 크다. 모든 행동은 한번 시행되면 일종의 소질이라고도 할 수 있는 것이 발생한다. 그것은 다음에 동일한 것을 행하면 용이하게 할 수 있으나 다른 것을 행하면 반대로 어려워진다.

일정한 대상에 대하여 동일한 시행을 반복할 때에는 점차 그 행동이 쉬워져 나중에는 아무런 노력을 하지 않아도 기계적으로 행하게 된다. 이것이 습관(habit)이라는 것인데, 이른바 조건반응에 의하여 후천적으로 획득되는 것이다.

한번 획득된 습관은 제2의 본능이라 할 정도로 강력한 힘을 가진다. 그러므로 좋은 습관 형성은 좋은 성격을 기르는 것이 되며 나쁜 습관 형성은 나쁜 성격형성의 본질이라고 해도 과언이 아니다.

(3) 환경의 성격 형성

성격은 소질적인 기질(氣質)과 생육환경(生育環境) 및 사회적 역할 등에 의하여 형성된다. 환경에 적응한 성격 형성으로 열대 · 한대 · 섬나라 · 사막 등 지리적 · 풍토적 환경에서 생활하는 사람은 그 풍토 또는 엄격한 생활조건에 적합한 생활을 하여 성격이 형성된다. 직업생활에서 일정한 역할을 하게 되면 그 직업에 알맞은 형(型)이 형성된다. 예를 들면 교사형 · 목사형이나 상인 근성(商人根性) · 기술자 근성 등의 형이 형성된다. 또한 육아조건에서 욕구불만 유무에 따라 원만한 성격이 형성되느냐 신경질적인 성격이 형성되느냐가 결정된다. 이와 같은 환경에 적응하여 형성된 성격에는 각 환경에 공통된 것을 볼 수 있으며, 이와는 달리 환경의 영향을 받는 가운데서 자아에 적응한 성격 형성도 볼 수 있다.

3) 성격의 분류

성격의 분류는 학자들마다 매우 다양하다. 그중 대표적인 분류방법을 소개하면 다음과 같다.

한스 아이젱크(Hans Eysenck)[14]는 다양한 성격요인들을 감정적, 안정적 차원과 외향적, 내향적 차원의 두 가지로 분류하였다.

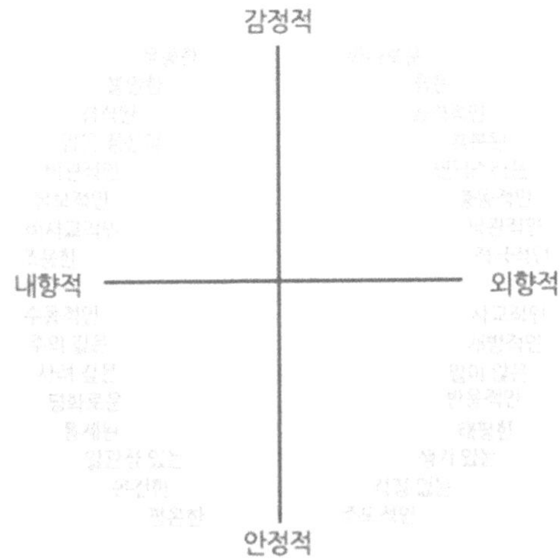

[그림 2-18] 한스 아이젱크의 성격 분류

이후 학자들은 차원의 종류를 늘려 사람의 성격을 이해하고자 하였다. 이 가운데 가장 대표적인 것이 성격의 5요인(big 5)이다.

개인을 설명하거나 분류하기 위한 5가지 범주인 5요인 모형은 조직 연구에서 사용하는 대표적인 성격 모형(personality model)으로 다양한 개인의 특질(traits)을 포함하고 있다. 성격과 개인의 행동 간에 의미가 있고 일관성 있는 관계가 존재한다는 것이 확인되면서 최근에 대부분의 성격 심리학자들은 성격이 다섯 가지 요인으로 구성되어 있다는 것에 의견의 일치를 보이고 있다. 성격 요인에 대한 학자들의 연구는 다양하게 이루어졌다. 그중 코스타와 매크래(Costa & McCrae)는 기존의 NEO-PI[15]에 호감성과 성실성을 포함하여 5요인 모형을 개발하였다. 그들이 제시하는 성격의 5요인 모형은 정서적 불안정성(Neuroticism), 호감성(Agreeableness), 성실성(Conscientiousness), 개방성(Openness to experience), 외향성(Extraversion)을 말하며, 〈표 2-2〉는 성격 5요인 분류와 특징을 나타낸 것이다.

〈표 2-2〉 성격 5요인 분류 및 특징

요인	높은 점수	낮은 점수
정서적 불안정성(N) 적응 대 정서적 불안정을 측정, 심리적 불안정성, 비현실적 생각, 과도한 열망과 충동, 부적응적인 대처반응을 얼마나 나타내는지 측정	걱정, 초조, 감정의 변덕, 불안정, 부적절한 감정, 심기증이 있음	침착, 이완, 안정, 강건함, 자기충족
외향성(E) 대인관계에서의 상호작용 정도와 강도를 측정, 즉 활동수준, 자극에 대한 욕구, 즐거움 등을 측정	사교적, 적극적, 말하기를 좋아함, 사람중심, 낙관적, 즐거움 추구, 상냥함	말수가 적음, 냉정함, 과업중심, 조용, 환기가 없음
개방성(O) 자신의 경험을 주도적으로 추구하고 평가하는지의 여부를 측정, 즉 낯선 것에 대한 인내와 탐색 정도를 측정	호기심이 많음, 흥미의 영역이 광범위함, 창의적임, 독창적임, 상상력이 풍부함, 관습에 얽매이지 않음	관습적임, 흥미를 갖는 영역이 제한됨, 예술적이지 않음, 분석적이지 않음
호감성(A) 사고, 감정, 행동에서 동정심까지의 연속선상을 따라 개인의 대인관계 지향성이 어느 위치에 있는지를 측정	마음이 여림, 성격이 좋음, 신뢰할 수 있음, 남을 잘 도와줌, 관대함, 잘 속음, 솔직함	냉소적임, 무례함, 의심이 많음, 비협조적임, 앙심을 품음, 무모함, 초조함, 조종적임
성실성(C) 목표지향적 행동을 조직하고, 지속적으로 유지하며, 목표지향적 행동에 동기를 부여하는 정도를 측정	체계적인, 믿음직한, 근면, 시간을 잘 지킴, 정돈됨, 야망이 큼	목적이 없음, 믿을 수 없음, 게으름, 부주의함, 의지가 약함, 쾌락의 탐닉

첫째, 정서적 불안정성(Neuroticism)

불쾌하고 혼란스러운 정서를 경험하는 경향성을 의미한다. 다시 말해 공포, 슬픔, 당혹, 분노 등 다양한 불쾌 감정에 대응하는 패턴을 나타낸다.

둘째, 외향성(Extraversion)

대인간의 온정과 사교성 및 주장성의 정도를 나타낸다. 외향성은 타인과 상호작용을 하거나 교제하길 원하고 타인의 관심을 끌려는 정도를 나타낸다.

셋째, 경험에 대한 개방성(Openness to experience)

새로운 생각과 경험에 대한 접근이나 수용성에 해당한다. 경험에 대한 개방성이 높은 사람은 지적 자극을 좋아하고 변화 및 다양성을 추구한다.

넷째, 호감성(Agreeableness)

타인에 대한 신뢰와 관심 및 관대한 정서를 의미한다. 호감성은 다른 사람들과 편안하고 조화로운 관계를 유지하는 정도를 말한다.

다섯째, 성실성(Conscientiousness)

성취에 대한 개인의 성실한 정도를 나타내며, 사회적 규칙이나 규범을 잘 지키려고 하는 정도를 말한다. 즉, 목적지향적인 자기관리 및 통제경향을 의미한다.

〈표 2-3〉은 성격 5요인을 측정하는 척도인 NEO-PI-R(NEO-Personality Inventory-Revised)의 요인 구조를 나타낸 것이다.

〈표 2-3〉 성격 5요인 구조

구분	하위요인					
정서적 불안정성 (Neuroticism)	불안 (N1)	적대감 (N2)	우울 (N3)	자의식 (N4)	충동성 (N5)	심약성 (N6)
외향성 (Extraversion)	온정 (E1)	사교성 (E2)	주장 (E3)	활동성 (E4)	자극 추구성 (E5)	긍정적 정서 (E6)
개방성 (Openness to experience)	상상 (O1)	심미성 (O2)	감정의 개방성 (O3)	행동의 개방성 (O4)	사고의 개방성 (O5)	가치의 개방성 (O6)
호감성 (Agreeableness)	신뢰성 (A1)	솔직성 (A2)	이타성 (A3)	순응성 (A4)	겸손 (A5)	동정 (A6)
성실성 (Conscientiousness)	유능감 (C1)	정연성 (C2)	충실성 (C3)	성취에 대한 갈망 (C4)	자기 규제성 (C5)	신중성 (C6)

6 라이프스타일

1) 라이프스타일의 개념

현대사회에서 우리는 치열한 경쟁을 하며 바쁘게 살아간다. 그러면서 저마다의 가치관을 가지고 삶의 형태를 달리하며 생활하고 있다. 인간의 이러한 가치관은 복잡한 환경 속에서 더욱 빠르게 변모하였으며 이에 따라 학자들은 라이프스타일(life style)에 대한 관심을 갖게 되었다. 라이프스타일은 개인이나 집단의 삶의 방식을 말한다. 즉 사람이 살아가면서 시간과 돈을 어떻게 소비하는가에 초점을 맞춘 것이다. 라이프스타일은 개인이나 가족의 가치관 때문에 나타나는 다양한 생활양식 · 행동양식 · 사고양식 등 생활의 모든 측면의 문화적 · 심리적 차이를 전체적인 형태로 나타낸 말이다.

2) 라이프스타일의 특징

첫째, 사람들이 시간과 돈을 사용하며 살아가는 유형은 고객들의 동기와 사회계층, 인구통계 등 여러 가지 다른 변인에 의해 정해진다.

고객들은 그들의 정신적 가치와 경제적 라이프스타일에서의 모순성과 개성을 일치시키기 위해 변화한다. 대체로 인간이 지닌 정신적 가치는 비교적 장기적이지만 이 같은 경제적 라이프스타일은 상당히 빨리 변화한다고 볼 수 있다.

둘째, 라이프스타일은 개인의 행위에 따라 주관적인 의미와 가치를 드러내므로 문화적이기도 하다. 개인의 라이프스타일을 함께 공유하는 집단에 대해서 객관적인 의미와 가치를 갖는 생활의 표현양식이다. 문화적 라이프스타일은 인간이 내부적으로 지니고 있는 가치, 태도, 의견, 관심, 외향적으로 드러나는 행동과 일치되고 체계적인 관계에 근거하는 것으로 고객들의 행태를 분석하고 예측하는 데 매우 중요한 변인으로 활용되어 왔다.

이와 같이 개별 국가 내에서 생활하는 사람들 중에서 유사한 라이프스타일을 따르는 집단의 사람들은 생활, 활동, 관심, 의견, 태도, 성별, 소득, 가치관, 교육수준 등에 걸쳐 공통성과 유사성이 많을 뿐만 아니라 제품과 서비스에 대한 선호, 매스커뮤니케이션 매체에 대한 선호경향, 광고에 대한 반응, 마케팅의 수용도 등에 있어서도 공통점이 많다.

3) 라이프스타일의 분석방법

라이프스타일 분석은 크게 거시적 분석과 미시적 분석으로 나눌 수 있다. 거시적 분석은 분석의 대상이 되는 사회나 집단의 전체적인 라이프스타일 동향을 파악하는 데 초점을 두는 반면, 미시적 분석은 라이프스타일의 이해를 통해 사회를 세분화하는 데 그 목적이 있다.

고객행동 측면에서의 라이프스타일 분석에서는 거시적 분석보다 미시적 분석을 주로 사용한다.

인구 통계적 변인과 심리적 변인인 AIO분석 방법에 관해 자세히 알아보기로 한다.

AIO(Activities, Interests, Opinions)[16]분석은 고객의 라이프스타일을 활동(activities),

관심(interests), 의견(opinions) 등을 기준으로 측정하는 것이다. 이것은 라이프스타일을 분석할 때 가장 널리 이용되는 방법으로서 웰즈와 티거트(Wells & Tigert) 등에 의해 개발되었다. AIO분석은 사람들이 그들의 시간을 어떤 활동(activities)을 하며 소비하는가, 생활환경 요소들 중에서 가장 중요하다고 관심(interests)을 갖는 분야는 어떤 것인가, 고객들은 자신들과 주위 여건들에 대하여 어떤 의견(opinion)을 갖고 있는가 등이 고객의 라이프스타일에 반영된다고 보고 있다. 따라서 AIO 분석은 일상의 활동(예 : 외식활동, 여가활동, 구매활동 등), 주변사물에 대한 관심(예 : 가족, 의상, 음식, 매체 등) 그리고 사회적 · 개인적 문제들에 대한 의견으로 크게 구분되며 이들은 다시 각각의 하위차원들로 분류할 수 있다.

많은 기업들이 특정 사회계층을 위한 제품이나 서비스를 설계하는 데 있어 60년대 이후 가장 많이 쓰이는 변수 중 하나가 라이프스타일이다. 이에 따라 시장을 고객 라이프스타일에 따라 세분화하는 것이다. 결국 고객이 어떻게 시간을 보내고, 어떤 일을 중시하며, 어떤 견해를 갖고 있는가를 척도로 나타내어 수치화하는 것이다. 이런 방법은 시장에 대해 풍부한 정보를 주는 반면 세분화의 경계가 모호하여 측정이 어렵다는 단점이 있다.

사례 1 **[라이프 트렌드] 어디가 좋을까, 어떻게 즐길까 앱에게 물어봐**

요즘 젊은 층에서 흔히 찾아볼 수 있는 여행 패턴이다. 라이프스타일이 변하면서 여행 트렌드도 변하고 있다. 업계에서는 '모바일' '밀레니얼 세대(1980년대 초에서 1990년 후반에 태어난 세대)' '포미족(자신을 위한 가치 소비를 즐기는 사람)'을 키워드로 꼽는다.

글로벌 마케팅 기업 크리테오와 시장조사기관 유러모니터가 국내외 1,900여 명을 대상으로 여행 검색 및 구매 행동을 분석한 '디지털 트래블러 리포트'에 따르면 지난해 국내 온라인 여행상품 거래 5건 중 1건이 모바일을 통해 이뤄졌다.

온라인을 통한 여행 매출은 2011년에서 2016년까지 연평균 14.6% 성장했다. 반면에 같은 기간 모바일 여행 매출은 연평균 59%의 가파른 성장세를 기록했다. 모든 연령대에 걸쳐 여행 검색에 가장 많이 사용된 기기는 스마트폰. 그중에서도 앱의 선호도가 높았다. 모바일 사용자의 77%가 여행 옵션 검색에 앱을 활용한다고 답했다. 세대별로는 '밀레니얼 세대'에서 앱의 선호도가 두드러졌다. 이정은 크리테오 부장은 "모바일이 여행의 많은 패턴을 바꾸고 있다"며 "2020년까지 모바일 판매량이 온라인 여행상품 예약 판매량의 절반에 이를 것으로 예상한다"고 말했다.

글로벌 온라인 여행사 익스피디아가 국내 20대부터 50대까지 직장인 1,000명을 대상으로 조사한 설문에서도 응답자의 97.3%가 '여행 갈 때 꼭 챙겨가는 디지털 기기'로 스마트폰을 꼽았다. 여행 유형은 대부분 자유여행으로, "항공권과 호텔을 따로 구매하겠다"는 응답이 30.2%로 가장 많았다. 특히 20대와 30대는 각각 50%, 35.2%가 자유여행을 선택하겠다고 답했다. 50대는 가이드가 있는 패키지 상품을 가장 선호하는 것으로 나타났다. 익스피디아는 '포미족'이 올해 여행 트렌드를 주도할 것으로 전망했다. 포미족은 '잘 쉬는 것'과 '나를 위한 여행'에 관심이 많다.

밀레니얼 세대와 포미족의 라이프스타일은 최근 화두인 '욜로(YOLO)'족과도 통한다. 욜로는 '인생은 한 번뿐이다(You Only Live Once)'의 앞글자를 딴 신조어다. 현재의 행복을 중요시하는 욜로족은 여행을 즐긴다. 1인 가구도 여행업계에서 '혼행족(혼자 떠나는 여행자)'으로 불리며 주요 소비층으로 떠오르고 있다. 이들의 공통점은 여행을 계획할 때 가장 먼저 스마트폰을 꺼내 든다는 것. 요즘 인기 있는 여행지는 어디인지, 비행기와 숙소 비용은 얼마인지 검색부터 시작한다. 여행 계획부터 예약까지 스마트폰과 소셜미디어를 적극적으로 활용해 내게 꼭 맞는 여행, 나만의 여행을 만들어낸다.

여행업계 개성 있는 상품 출시 봇물

스마트폰 사용자가 늘고 소비자층이 다양해지면서 업계의 판도도 크게 바뀌고 있다. 모바일을 활용해 항공권과 숙박을 검색해 직접 예매하는 경우가 많아지면서 다양한 여행상품을 한 번에 찾을 수 있는 서비스가 늘고 있다. 티몬이나 G마켓, 11번가 같은 소셜 커머스나 오픈 마켓에서도 항공권을 비교하고 구입할 수 있는 서비스를 오픈했다.

개성이 다양해진 소비자 입맛에 맞춘 여행상품도 잇따라 출시되고 있다. 1인 여행 수요가 점차 증가함에 따라 1인 여행객을 겨냥하는 프로모션과 상품을 내놓고 있다. 과거 여행객은 '한 번 떠났을 때 되도록 많은 곳을 보고 많은 것을 경험하고 오겠다'는 생각이 강했다면 요즘엔 한번 여행하더라도 깊이 있고 여유롭게 한 지역을 꼼꼼히 여행하려는 경향이 높다.

모노 상품(한 나라를 깊이 보는 상품), 현지인처럼 여행지에 머물며 다양한 체험을 즐기는 체류형, 같은 지역을 가더라도 각기 다른 테마로 떠나는 상품 등이 나오고 있다. SNS에 추억을 남기고 싶어 하는 소비자를 겨냥해 전문 사진작가와 함께 여행 도중 '인증샷'이나 스냅 사진을 찍는 상품도 등장했다. 하나투어 관계자는 "젊은 층을 중심으로 자유롭게 여행을 계획할 수 있는 FIT(개별자유여행) 수요가 가파르게 증가한 지 꽤 됐다"며 "자유여행과 기존 패키지 일정을 결합한 '세미팩'이나 다양한 테마 여행상품을 출시하는 등 패키지 상품에 변화를 꾀하고 있다"고 설명했다.

모바일 검색이 생활화되면서 가격 비교나 여행 관련 정보를 더 쉽고 빠르게 얻을 수 있게 됐다. 하지만 모바일에 익숙하지 않거나 해외여행이 처음이라면 여행 가이드 서적을 통해 여행지에 대한 전체적인 정보를 얻는 것도 좋은 방법이다. 온라인이나 SNS상의 정보를 맹신하는 것도 금물이다. 종종 잘못된 정보가 돌아다니는 경우도 많다. 자유여행을 떠난다면 관련 업체의 공식 페이지를 통해 정확한 정보를 얻는 것이 좋다. 업체별로 네이버 블로그나 포스트, 페이스북, 인스타그램 등에서 운영되는 공식 페이지와 친구를 맺으면 타임라인에서 정보를 실시간으로 확인할 수 있다.

패키지족이라면 여행사나 항공사 등 각 사의 홈페이지를 통해 각종 상품기획전, 특가상품을 눈여겨보자. 가성비를 따지는 알뜰 여행을 계획한다면 모바일 앱에서도 가격을 확인해 보자. '모바일 전용' 특가 상품이나 앱 사용 고객만을 위한 특가 상품을 마련하는 경우가 많다. 여러 예약 앱을 내려 받고 일일이 확인하기 번거롭다면 스카이스캐너, 호텔스컴바인, 호텔스닷컴과 같은 통합 검색이 가능한 앱을 활용하면 다양한 조건을 손쉽게 비교할 수 있다.

- 중앙일보, 라이프 트렌드

사례 2 호텔업계에 부는 바람 '휘겔리케이션', 새로운 라이프스타일 트렌드

요즘 휘겔리케이션(Hyggelication)이 대세다.

휘겔리케이션은 자신의 행복을 중시한다는 뜻의 욜로(YOLO, You Only Live Once)와 함께 최근 현대인의 라이프스타일 트렌드로 뜨고 있는 개념이다. 휘겔리케이션은 덴마크어로 '편안한'이라는 뜻의 휘겔리(Hyggeligt)와 휴가를 뜻하는 버케이션(Vacation)을 합성한 신조어로 완전한 휴식을 의미한다.

호텔을 숙박시설의 개념이 아니라 여행지 그 자체로 여기고 최상의 서비스를 누리면서 충분한 휴식을 취하기 위해 호텔로 여행을 가는 호텔 바캉스족들이 늘어나면서 호텔업계가 휘겔리케이션 마케팅에 나서고 있다.

이랜드가 운영하는 켄싱턴호텔에서도 호텔 바캉스족들을 위한 휘겔리케이션 패키지를 다양하게 선보이고 있다. 켄싱턴 플로라호텔(강원도 평창 소재)의 '알로하 서머' 패키지는 국내 최대 규모의 프랑스 정원에서 산책하고 이국적인 야외 수영장에서 물놀이를 즐길 수 있어 호텔에만 머무르면서 여름휴가를 만끽할 수 있다.

켄싱턴 제주호텔에서는 루프톱에서 물놀이와 파티를 함께 즐길 수 있는 이색적인 스파티와 정통 레스토랑 다이닝까지 풀코스로 즐길 수 있는 '올인클루시브 서머' 패키지가 마련돼 있다.

설악산에 자리하고 있는 켄싱턴 스타호텔은 1인 고객도 휘게 라이프를 경험할 수 있도록 '나홀로 여행' 패키지를 출시해 혼족들이 힐링타임을 가질 수 있으며, 부산 광안리 켄트호텔은 조식부터 점심 티타임, 저녁 무제한 맥주에 BBQ플래터까지 호텔에서 해결할 수 있는 '올인클루시브' 패키지도 선보인다.

이랜드 켄싱턴호텔 관계자는 "2017년 여가 트렌드와 고객의 니즈를 반영해 '휘겔리케이션' 상품을 기획하게 됐다"며 "호텔에서 제공하는 최고의 서비스와 시설을 이용하며 완전한 휴식을 즐길 수 있을 것"이라고 말했다.

– stardailynews

참고문헌

권혁률(2014), 관광서비스론, 현학사
김세범・전영종・허남일(2000), 소비자행동론, 형설출판사
김홍대(1991), 신 소비자 행동론, 형설출판사
네이버 지식백과, 성격(personality, 性格), 두산백과
네이버 지식백과, 욕구(need), 사회복지학사전, Blue Fish, 2009.8.15
네이버 지식백과, 인간의 가장 본능적인 욕구는 무엇일까? : 매슬로의 인간 욕구 5단계 이론, 시장의 흐름이 보이는 경제 법칙 101, 위즈덤하우스, 2011.2.28
네이버 지식백과, 태도(attitude), 사회학사전, 사회문화연구소, 2000.10.30
네이버 지식백과, 태도 변화(attitude change), 심리학용어사전, 한국심리학회, 2014.4
박미선(2011), 성격유형에 따른 감성지능, 심리적 웰빙, 직무성과 간의 인과관계 연구 : 서울지역 특급호텔 종사원을 대상으로, 경희대학교 대학원 박사학위논문
반병길・이인세・이헌수(2001), 국제마케팅, 제5판, 박영사
서비스경영연구회 편역(1999), 서비스 경영, 석정
심민보・김정택(2002), MBTI Form K와 NEO인성검사와의 상관연구, 한국심리유형학회지, 9(1)
이명식(2002), 서비스마케팅, 형설출판사
이문규・김나민(2002), 국내인터넷 이용자의 시장세분화 연구, 소비자학 연구, 13(4): 1-3
이유재(2001), 서비스 마케팅(제2판), 학현사
황규원(2008), 소비자 라이프스타일에 따른 식공간 연출 요소에 관한 연구, 경기대학교 관광전문대학원 박사학위논문
Costa, P. T. Jr. & McCrae, R. R.(1992), NEO-PI-R: Professional Manual, FL: Psychological Assessment Resources
Cathrine V. Jansson-Boyd 지음, 양병화・감재휘・이병관 옮김(2010), 소비자심리학, 시그마프레스, pp. 28-29, 47-48
Edwards, W.(1954), The theory of decision making, Psychological Bulletin, 51: 380-417
Fishbein, M., & Ajzen, I.(1975), Belief, Attitude, Intention, and Behavior: An Introduction to Theory and Research, Reading, Mass.: Addison-Wesley
http://news.joins.com/article/21744945
http://www.stardailynews.co.kr/news/articleView.html?idxno=154318

Mowen(1995), Consumer Behavior, p. 192.

Parasuraman, A., Zeithaml, Valarie A., and Berry, Leonard L.(1985), "A Conceptual Model of Service Quality and Implications for Future Research", *Journal of Marketing*, Vol. 49, Fall: 48.

Rosenberg, M. J.(1960), An analysis of affective-cognitive consistency, In M. J. Rosenberg, C. I. Hovland, W. J. McGuire, R. P. Abelson, & J. W. Brehm(Eds.), Attitude Organization and Change: An Analysis of Consistency among Attitude Components New Haven, CT: Yale University Press, pp. 15-64

Wells, William D., and Tigert, Douglas. J.(1971), "Activities, Interests and Opinion", Journal of Advertising Research, August: 27-35.

3

고객 의사결정 이해하기

CHAPTER 01 고객 의사결정 이해하기

의사결정은 행동결정이다

1 의사결정의 개념

사람은 누구나 매일 의사결정(decision making)을 하면서 살아간다. 개인이나 기업에서는 생존을 위하여 올바른 방향으로 결정을 해야만 하는 경우가 많다. 뿐만 아니라 가족, 공공단체, 기타 조직 등에서도 다양한 과정을 통하여 의사를 결정하고 있다. 이렇듯 의사결정이란 어떤 주체가 자기의 활동방침을 결정하는 것이다. 즉 개인이나 조직이 주어진 문제를 해결하기 위하여 가능한 여러 대안(代案)을 모색(탐색)하고 그중 가장 합리적이고 효과적으로 목표를 달성할 수 있다고 보는 한 가지 방안을 선택 · 결정하는 과정을 말한다.

2 의사결정 영향요인

앞의 "2부 고객행동 이해하기"에서 살펴본 바와 같이 고객 개인이나 기업 경영자 등은 어떠한 사안에 대해 결정을 내릴 때에는 내 · 외부적인 요인들로부터 영향을 받는다. 때문에 의사결정에 영향을 미치는 요인은 크게 두 가지 외적 영향요인과 내적 영향요인으로 분류한다. 외적 영향요인에는 문화, 사회계층, 준거집단, 가족, 상황적 요인 등이 포함되며, 내적 영향요인에는 욕구, 동기, 지각, 학습, 태도, 성격, 라이프스타일 등이 포함된다.

3 의사결정 유형

고객이 욕구를 해결하는 유형은 고객의 관여도 수준, 의사결정에 투입할 수 있는 시간, 제품이나 서비스의 비용 등 여러 가지에 따라 다르겠지만 욕구를 해결하는 데 고객의 관여수준이 가장 중요한 결정요인이 될 수 있다. 관여도(involvement)는 재화나 서비스를 구매할 때 소비자가 정보탐색에 시간과 노력을 기울이는 정도를 의미한다. 즉 관여도는 관심도의 수준으로서 구매 의사결정과정에 들이는 시간과 노력의 양을 나타낸다. 이렇게 고객들은 제품을 선택할 때 많은 시간과 노력을 들이기도 하고 별다른 고민 없이 신속하게 결정을 내리기도 하는데 이는 제품의 종류나 가격, 구매 목적에 따라 달라진다.

관여도는 저관여(low-involvement) 의사결정과 고관여(high-involvement) 의사결정으로 분류된다. 저관여 의사결정은 고객이 재화나 서비스에 대해 관심이 적고 중요성도 떨어져 구매 전 정보탐색 과정이 짧은 경우이다. 일반적으로 가격대가 낮고 습관적으로 소비하는 제품일수록 저관여 의사결정이 나타나며, 이때에는 적극적인 정보탐색이나 브랜드별 비교 평가를 수행하지 않고 최소한의 정보만으로 구매결정을 내린다. 또한 저관여 의사결정이 일어나는 상품군에서는 비교적 브랜드 전환(brand switching)이 쉽게 일어난다. 예를 들어 신제품이 출시되었을 경우 고객들은 단순히 새로운 제품이라는 정보만으로도 쉽게 구매하고 다양한 시도를 해볼 수 있다.

고관여 의사결정은 고객이 구매 전 많은 시간과 노력을 기울여 정보탐색을 적극적으로 수행하는 경우이다. 비교적 고가이면서 구매 빈도가 낮을수록, 브랜드 간 기능이나 디자인에 차이가 뚜렷할수록 고관여 의사결정이 나타나며, 금융상품이나 부동산이 대표적인 예이다. 또한 개인적으로 흥미를 많이 가지고 있거나 구매 목적이 선물용일 경우에도 고관여 의사결정을 보일 수 있다. 고관여도를 가진 상품군에 대해서는 고객들이 신중한 의사결정과정을 거치기 때문에 브랜드 전환이 쉽게 일어나지 않으며, 기업은 충분한 정보와 구매 혜택을 제공하여 고객을 유인해야 한다.

결국 [그림 3-1]에서와 같이 의사결정 유형은 고객의 관여수준 정도에 따라 일상적 의사결정, 제한적 의사결정, 포괄적 의사결정으로 분류된다. 저관여일수록 일상적 의사결정을 하고 고관여일수록 포괄적 의사결정을 하는 것을 볼 수 있다.

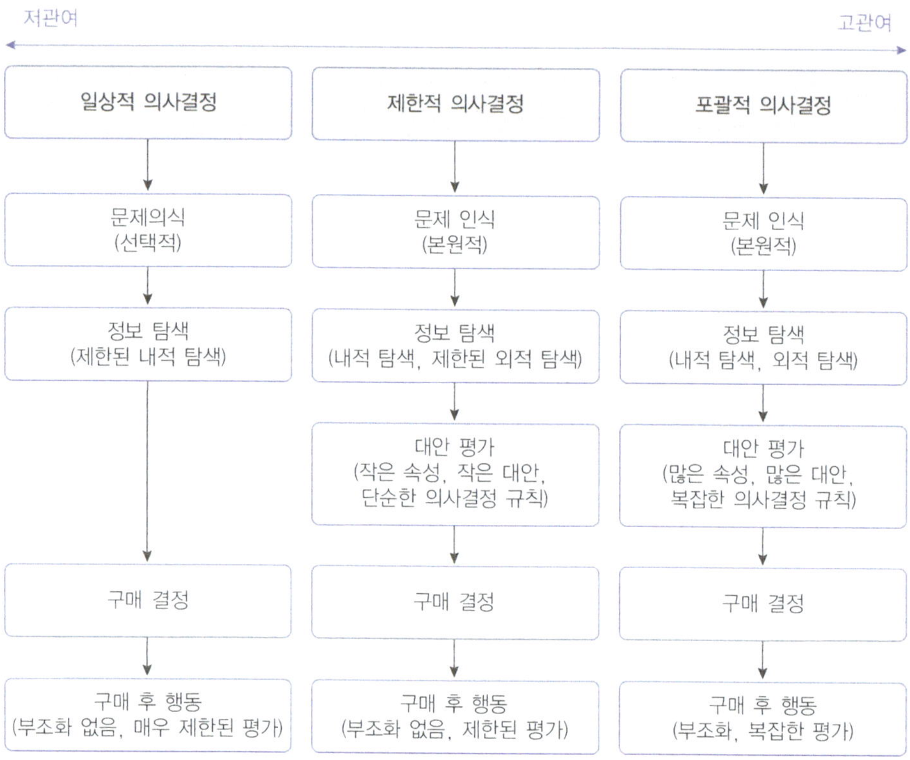

[그림 3-1] 의사결정 유형과 관여도

자료 : 박세범 · 박종호(2009)

참고문헌

네이버 지식백과, 관여도(Involvement), 두산백과

네이버 지식백과, 소비자 의사결정, 심리학용어사전, 한국심리학회, 2014.4

박세범 · 박종오(2009), 소비자행동, 북넷

CHAPTER 02 고객 의사결정 이해하기

의사결정과정은 복잡하다

고객들은 제품을 구입하고자 할 때 일련의 과정을 거친다. 일반적인 고객 의사결정과정은 문제(욕구)인식, 정보탐색, 대안평가, 의사결정, 구매 후 행동의 순서로 진행된다. 그러나 모든 고객이 이러한 과정을 준수하여 구매하지는 않으며 순서가 바뀌거나 단계를 건너뛰는 경우도 있다. 고객들의 구매 의사결정과정은 문제해결을 위한 의사결정 유형에 따라 달라질 수 있기 때문에, 고객들이 의사결정과정에서 다섯 단계를 모두 밟을 것이라고 가정해서는 안 된다. 일반적으로 고객은 가격이 높고 개인에게 중요한 제품인 고관여 제품의 경우에 더 많은 정보를 탐색하고 신중하게 대안을 비교하며 평가하는 복잡한 의사결정과정을 거친다. 그렇지만 가격이 낮고 별로 중요하지 않은 제품인 저관여 제품의 경우에는 정보를 거의 탐색하지 않거나 전혀 탐색하지 않고, 대안을 비교하거나 평가하는 과정을 생략하는 등 비교적 단순하고 일상적인 의사결정과정을 거친다. 또한 고객들은 경우에 따라 의사결정 단계를 도중에 그만둘 수도 있고 심지어는 구매하지 않을 수도 있다. 의사결정과정은 [그림 3-2]와 같다.

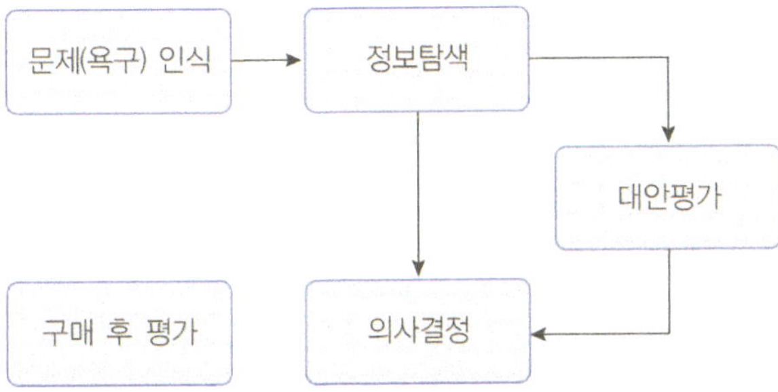

[그림 3-2] 의사결정과정

고객 구매결정과정은 다섯 단계로 구성되어 있다. 문제인식 단계에서 고객은 자신이 무언가를 필요로 한다는 것을 인식한다. 만일 고객의 욕구가 강하다면 고객은 두 번째 단계인 정보탐색으로 이동할 것이다. 정보탐색은 고객의 관여수준에 따라 세 번째 단계인 대안평가로 넘어가거나 네 번째 단계인 구매결정으로 바로 넘어가기도 한다. 세 번째 단계에서는 고객이 문제 해결을 위해 발견한 대안을 평가하고, 네 번째 단계에서는 어떤 대안을 선택할 것인지 결정한다(어떤 브랜드를 선택할 것인지, 저축할 것인지 또는 지출할 것인지, 어떤 제품을 구매할 것인지 등). 마지막으로 구매 후 평가 단계에서는 고객이 획득한 서비스나 재화를 소비한 후 그 결과에 대해 평가한다. 이러한 일반적인 구매결정과정은 개인 고객뿐만 아니라 기업과 다른 기관에도 적용할 수 있다.

1 문제(욕구)인식

문제인식은 현실 상태와 이상(理想) 상태 사이에 불일치가 있을 때 발생한다. 특히 문제인식은 욕구가 느껴질 때 일어난다. 전형적으로 연구자들은 현실 상태와 이상 상태 사이의 간격을 넓히는 요인들을 분석함으로써 고객 문제를 확인하려 했다. 만일 고객이 현실 상태에 대해 느끼는 만족이 감소하거나 이상 상태의 수준이 높아진다면 고객은 자신을 행동하게 만드는 문제를 인식한다. 다양한 요인이 고객의 현실 상태를 수용 가능한 수준 이하로 낮출 수 있다. 제품이 싫증나거나 유행에 뒤떨어질 수도 있고 제품이 고객의 기대를 만족시키지 못할 수도 있다. 고객의 현실 상태에 영향을 주는 또 다른 요인은 배고픔, 갈증, 자극에 대한 욕구와 같은 내적 자극일 수 있다. 또한 외부 자극이 부정적인 감정 상태를 야기할 수도 있는데 나쁜 소식을 접하거나 자신을 불편하게 만드는 상황에 놓이는 경우다.

고객의 이상 상태는 고객의 갈망과 환경에 의해 영향을 받는다. 문화, 하위문화, 준거집단, 라이프스타일 트렌드 등이 사람들의 이상 상태를 바꿀 수 있다. 예를 들어 어떤 사람이 대학을 졸업하고 기업에 취업을 한다면 정장, 구두, 서류가방 등 대학생 때는 사용하지 않던 물품이 필요하다. 사람은 생각하고, 계획하며, 무언가를 동경하는 능력을 가지고 있기 때문에 고객은 새로운 소비 환상을 만들어낼 수 있다.

새로운 상황에서의 모습을 상상함으로써 또는 새로운 제품을 소유함으로써 고객은 자신의 이상 상태에 영향을 미친다. 물론 광고가 고객에게 제품이나 서비스를 매우 솔깃하게 보여줌으로써 이러한 소비 환상을 자극할 수 있다. 반면 이상 상태의 변화가 현실 상태에 대한 불만족을 가져오는 경향이 있다. 예를 들어 봉급 또는 지위의 상승은 현재 타고 다니는 자동차에 대한 불만족을 초래하고, 동시에 더 높은 사회적 지위를 상징하는 고급 승용차에 대한 욕구를 증가시킬 것이다. 촉진 캠페인의 주요 목표 중 하나는 고객이 문제를 인식하게 하는 현실 상태와 이상 상태에 영향을 미치는 것이다.

2 정보탐색

문제를 확인한 후 고객은 문제를 해결할 수 있는 제품에 대한 정보를 획득하고자 탐색을 시작한다. 고객 정보탐색은 문제해결의 수단으로 고객이 정보를 확인하고 획득하기 위해 취하는 모든 과정을 의미한다. 정보를 획득하기 위한 경로는 가족, 친구, 이웃, 광고, 판매원, 대중매체, 경험 등 다양한 정보원천을 통하여 얻게 된다.

고객이 제품을 구매하려는 것이 아니라 쇼핑 자체를 즐기기 위해 잡지를 뒤적이고, 주변 사람들과 의견을 나누고, 매장을 둘러보고, 웹사이트를 방문하는 것이 구매와 상관없이 일어나는 지속적 탐색 행동이다. 구매 전 탐색은 정보 획득 후의 구매가 목적이지만, 지속적 탐색은 정보적 목적과 함께 오락적 목적이 더 관련되어 작용함을 밝힘으로써 구매 전 탐색과 지속적 탐색이 서로 다르다. 정보탐색은 구매 계획이 없더라도 일어나기 때문에 정보 탐색을 구매 욕구나 결정과 분리할 수 있으며, 현재 정보를 찾고 있는 고객은 상황에 따라 직접 제품을 구매하기 위한 구매 전 탐색을 할 수도 있고, 평소 제품에 대한 흥미와 호기심만으로 지속적 탐색을 할 수도 있다.

고객은 문제를 인식한 후 문제 해결에 필요한 정보를 찾기 위해 두 가지 출처에 의존한다. 먼저 자신의 기억에서 정보를 찾는 내부 탐색을 하는데 내부 탐색만으로 문제가 해결되면 더 이상의 탐색은 일어나지 않는다. 그러나 내부 탐색으로 문제가 해결되지 않을 때는 외부 출처로부터 정보를 찾는 외부 탐색이 일어난다. 내부 탐색은 문제를 해결할 수 있는 상표에 대한 정보를 장기 기억을 통해 탐색하는 것으로, 내부 탐색의 정도는 해결해야 할 문제의 유형에 달려 있다.

3 대안평가

대안평가는 고객이 구매 대안을 비교하기 위해 전반적인 평가를 내릴 때 발생한다. 대안을 평가할 때 고객은 두 가지 유형의 판단을 한다. 첫째, 무언가가 일어날 가능성을 추정하는 판단이고, 둘째, 무언가의 좋음 또는 나쁨을 평가하는 가치 판단이다. 가능성 판단과 가치 판단이 대안 평가과정의 중심이다. 예를 들어 자동차를 구매한다고 할 때 고객은 두 가지 유형의 판단을 할 것이다. 먼저 각 자동차의 속성(예: 연비, 공간)이 기대만큼 성능을 발휘할지 그 가능성을 추정하고 각 속성의 좋음 또는 나쁨을 평가할 것이다. 아울러 고객은 대안평가 단계에서 위험을 평가한다.

위험 지각은 부정적인 결과가 나타날 가능성과 그러한 결과의 부정적인 정도를 고객이 판단하는 것에 기초한다. 따라서 고객 태도에 영향을 주는 것뿐만 아니라, 가능성과 좋음-나쁨에 대한 판단은 위험 인식에도 영향을 준다. 가능성과 가치를 판단하기 위해 고객들은 판단 휴리스틱(heuristic)[17]을 사용한다는 증거가 있다. 판단 휴리스틱이란 사람들이 가능성과 가치를 추정하기 위해 사용하는 대략적인 방법이다. 즉 시간이나 정보가 불충분하여 합리적인 판단을 할 수 없거나, 굳이 체계적이고 합리적인 판단을 할 필요가 없는 상황에서 신속하게 사용하는 어림짐작을 이용한다는 것이다.

고객 자신이 애호하는 제품을 구매나 습관적 반복구매를 하는 경우에는 거의 대안평가과정은 생략된다. 그러나 고관여하에서 전형적인 확대 의사결정을 하는 경우에는 많은 대체안을 놓고 여러 평가기준에 준하여 비교 · 검토하는 과정을 거쳐 최종적인 구매결정을 하게 된다.

4 의사결정

의사결정은 고객이 특정 제품에 대하여 일련의 과정으로 평가하고 그 평가 내용에 따라 구매를 결정하는 것을 의미한다. 고객은 의사결정 단계에서 다양한 상표들(대안들) 중에서 가장 선호하는 것을 선택하게 된다. 그러나 선택한 상표를 구매하고자 하는 결정과정에서 두 가지 변수가 발생될 수 있다. 그것은 다른 사람의 태도와 예기치 못한 상황적 요인이다. 즉 자신이 구매하고자 하는 것에 대해 주변 사람들의 의견이 반영될 경우 구매 의사결정은 변경될 수 있다. 이때 고객 자신과 친분이 있을수록 부정적인 면이 강할수록 구매의도를 수정할 가능성이 높아질 수 있다. 그리고 고객은 구매 의사결정 단계에서 자신의 상황적인 요인들에 의해 구매를 수정할 가능성이 있다. 즉 구매할 상표가 선택되었더라도 고객 자신이 방금 처한 예기치 못한 상황이 발생되었을 때, 예를 들어 갑자기 다른 일이 생겨 구매하는 것을 미뤄야 할 경우라든가, 구매하고자 하는 브랜드에 대해 부정적인 정보를 들었을 경우 등에 의해서 구매 결정은 수정될 수 있다.

5 구매 후 평가

고객은 제품을 구매한 후 그 제품에 관해서 평가하게 되는데 자신이 지각하고 있던 수준과 비교하여 만족과 불만족으로 나타난다. 그리고 고객은 제품을 구매하고 사용한 후에 그 제품을 처분하게 된다. 고객의 구매 의사결정과정은 구매결정 행위로 모든 것이 종결되는 것이 아니라 제품이나 서비스에 대한 사용 경험을 바탕으로 심리적 · 행동적 반응을 하게 되는데 이를 구매 후 행동이라고 한다. 나아가 소비 경험을 통해 나타난 고객들의 불만족은 해당 제품에 대한 구매 중단을 넘어 부정적 구전으로까지 이어진다는 점에서 구매 후 과정은 소비 경험의 측면에서 중요하게 관리할 필요가 있다.

일반적으로 고객들은 제품을 구매할 때 구매 행위를 통해 어떤 결과를 기대한다. 이러한 기대에 얼마나 잘 일치했느냐 아니면 불일치했느냐에 따라 구매한 결과에 만족하느냐 또는 불만족하느냐가 결정된다. 그리고 고객들은 구매 결정을 내린 후에 다양한 인지, 태도 또는 신념 사이에 내적 갈등으로 인해 인지적 부조화를 겪는 경우가 종종 있다. 이처럼 고객이 구매 후 느끼는 기대 불일치와 만족 또는 불만족 등은 구매 후 느끼는 대표적인 심리적 반응이라고 할 수 있다. 소비활동을 통해 고객의 만족수준과 재구매 여부가 결정되는 이상 소비 경험은 미래 구매의사 결정의 핵심에 있다고 할 수 있다.

그리고 고객이 상품을 소비하고 난 후에 일어나는 문제로 처분이 있다. 즉 소비한 상품을 완전히 처분(폐기, 중고판매 등), 보관, 재활용 등을 할 수 있다.

사례 1 AI, 당신의 구매욕구까지 관리한다

4차 산업혁명 시대를 맞아 고객욕구(customer needs) 파악이 쉬우면서도 정교해지고 있다. IoT · 빅데이터 · 인공지능(AI) 등의 ICT 도구들이 마케팅활동에 활발히 접목되면서다.

마케팅의 목적은 구매유도와 재구매, 충성고객 만들기 및 유지다. 이를 통해 기업의 수익과 이익을 향상시키려는 활동이랄 수 있다.

고객의 구매의사결정은 욕구에서 출발한다. 정보탐색과 이해, 대안평가 등을 거쳐 구매결정에 이르며, 구매 후 평가를 통해 재구매를 결정한다.

따라서 기업들의 마케팅활동은 고객욕구 파악이 핵심이다. 현재 딥러닝 등 인공지능 기술로 고객이 원하는 제품을 찾아내고, 복합연산을 통해 고객이 모르는 신제품과 서비스까지도 추론해내고 있다. 또 빅데이터를 활용해 고객의 상품구매내역을 축적하고, 이를 바탕으로 구매패턴을 분석해 상품을 제안 · 추천하기도 한다.

고객이 가진 진정한 욕구와 그것을 충족시키기 위한 구체적인 방법은 고객 본인도 정확히 알지 못하는 경우가 많다. 하지만 최근 급속히 확산되고 있는 IoT와 빅데이터는 고객의 행태와 취향에 대한 정보를 축적하고 있으며, 딥러닝 기반의 인공지능은 이것을 직관적으로 해석할 수 있는 수단을 제공하고 있다.

4차 산업혁명 시대에 기업들은 이런 지능정보기술을 활용해 고객욕구 파악, 나아가 고객만족을 극대화할 수 있다는 것이다.

국내에서도 고객관계관리(CRM) 때 빅데이터 활용이 두드러지고 있다. 방문빈도 · 구매빈도가 높은 고객집단을 추출하고, 이들을 성 · 거주지역 · 구매주기 · 구매단가 · 구매일수 · 구매패턴별로 분류해 구매가능성 높은 쇼핑정보를 제공한다. 또 챗봇을 지능형 쇼핑도우미로 활용하기도 한다.

이를 통해 '컨텍스트쇼핑(context shopping)'이 가까워지고 있다. 복잡한 온라인상의 상품정보 · 결제과정 · 체험부족을 인공지능기술로 해결, 고객의 욕구를 구매로 즉각적으로 전환시켜 주는 것이다.

따라서 '고객욕구관리(customer needs management)'도 가능해질 것으로 전문가들은 보고 있다. 즉, 구매경험이 없더라도 욕구에 기반해 상품과 서비스를 예측하고 제안해 구매를 유도하게끔 하는 것이다.

인공지능의 맞춤과 예측을 통해 비용절감을 통한 경쟁력 향상, 예측을 통한 새로운 시장 및 수익 창출, 개인별 맞춤을 통한 소비자의 잠재욕구 충족이 가능해져 기업의 경쟁력은 보다 향상된다. 하지만 지나친 지능정보기술 의존에 대한 경계론도 있다. 변량분석 기반의 합리성이 인간이 가진 통찰력, 혜안에는 이르지 못한다는 주장이다.

빅데이터에 기반한 정량적 파악도 중요하지만, 고객의 욕구는 상황에 따라 수시로 변해 통계치로 알아낼 수 없는 측면도 많다. 고객의 욕구를 정확히 파악하기란 사실상 힘들다. 기업이 현장에서 고객과 부딪히며 찾아내는 정성적 분석, 감성적 이해도 중요하다.

- 헤럴드경제

참고문헌

박세범 · 박종오(2009), 소비자행동, 북넷
http://heraldk.com/2017/05/16/

4 고객만족 이해하기

CHAPTER 01 고객만족 이해하기

고객만족은 기대충족이다

기업경영의 목표는 고객만족(CS : customer satisfaction)이다. 모든 기업에서 고객만족실현을 위한 노력을 하고 있다. 고객을 만족시킨다는 것은 무엇이며 고객만족은 왜 필요한가? 이것은 고객만족이 최고의 품질을 증명하는 결과이기 때문이다.

1 고객만족의 개념

혹자는 고객만족에 대해서 '고객의 성취반응이므로 정해진 수준 이상으로 고객의 기대를 충족하는 것이다. 품질은 인지되지만 만족은 보통 경험되는 것이므로 고객의 감정적 과정에 의해 강하게 영향을 받는다. 만족은 이렇게 정해진 주관적인 기대수준에 의해 좌우되므로 객관적으로 낮은 혹은 높은 품질로도 개인의 기대에 따라 만족을 얻거나 얻지 못하는 경우가 생긴다. 따라서 고객만족이란 고객의 욕구와 기대에 최대한 부응한 결과 제품과 서비스의 재구입이 이루어지고 더불어 고객의 신뢰감이 연속되는 상태를 의미한다.'라고 주장하고 있다.

한편 품질과 만족을 다음과 같이 구분하고 있다. 품질판단의 기초가 되는 차원은 힌트나 속성 등과 같이 구체적인 데 반해 만족에 대한 판단은 품질과 상관없이 어떤 차원으로부터도 올 수 있다. 즉 만족은 서비스 제공자가 통제할 수 없는 요소, 다시 말해 품질차원이 아닌 것에 의해 얼마든지 좌우될 수 있다. 예를 들어 항공기 탑승과정에서 기내의 사정으로 인해 줄을 길게 서 있는 모습에서도 고객은 만족에 대한 판단을 할 수 있다. 또한 만족은 품질 외적인 요소 즉, 평등의식이나 공정성 같은 것에 의해서도 크게 좌우될 수 있으며 귀속, 감정, 인지적 · 감정적 과정에 영향을 강하게 받는다. 결국 높은 품질에도 불구하고 불만족한 경우를 볼 수 있다. 즉 단골 레스토랑에서 평소 친근한 종업원이 부재중일 때 실망하는 고객은 좋은 예가 된다.

이상으로 볼 때 고객만족이란 제품과 서비스 제공에 따른 고객의 일정한 수준 혹은 기대충족의 성취반응이라 할 수 있다.

2 고객만족의 구성요소

고객을 만족시키기 위한 구성요소는 어떠한가? 고객만족의 개념에서 살펴보았듯이 만족이라는 개념은 품질과 구분 가능하다. 따라서 고객만족의 구성요소는 서비스 품질과 비교하여 설명하고자 한다. 혹자는 품질과 만족은 분석수준에서는 다르지 않지만 두 개념의 원인과 결과는 근본적으로 다르다는 데 학자들 간에 의견일치를 보이고 있으므로 만족은 서비스의 구체적인 차원에 초점을 맞춘 서비스 품질에 대한 평가보다 넓은 개념으로 보아야 하며, 이러한 관점에서 지각된 서비스 품질은 고객만족 구성요소의 하나에 불과하다는 견해이다.

서비스 품질은 서비스의 다섯 가지 차원에 대한 고객지각을 반영한 평가이다. 반면 [그림 4-1]에서 볼 수 있듯이 만족은 보다 포괄적이어서 서비스 품질, 제품품질, 가격에 대한 지각뿐만 아니라 개인적인 요인을 포함한 상황적 요인에 의해 영향을 받는다.

예를 들어 항공사의 서비스 품질은 비행일정에 따른 목적지로의 출발과 도착의 여부(신뢰성), 항공예약/발권, 탑승수속, 수하물처리 능력 등에 대한 신속함에 있어 서비스요원들이 고객의 요구에 얼마나 잘 응대하는지(대응성), 비행에 있어 얼마나 안전한 기록을 보장하는지 혹은 기내서비스를 하는 직원의 유능함과 같은 믿음은 어떠한지(확신성), 특별고객의 요구사항에 대한 이해정도와 고객 개개인의 욕구에 대한 정확한 예측(공감성), 그리고 항공서비스의 물리적인 표현으로서 항공기, 항공장비, 인력구조, 예약발권영업대리점, 직원의 유니폼 등의 외형적인 요소(유형성) 등에 의해서 평가된다. 그러나 항공서비스의 고객만족은 이러한 다섯 가지 서비스 품질의 차원 이외에 제품품질(항공사에서 판매되는 제품의 품질), 항공권 가격, 그리고 고객의 기분과 같은 감정상태, 날씨(탑승한 승객이 항공사의 약속된 시간에 목적지까지 도착하는 것은 당연시하고 있지만 악천우의 영향으로 날씨가 매우 안 좋다는 걸 인식하게 되면 정시 도착보다는 무사히 착륙하기만을 희망할 것임) 등과 같은 일시적인 변화로서의 조절 불가능한 상황적 요인에 의해서도 영향을 받게 된다.

[그림 4-1] 고객만족의 구성요소

3 고객만족의 필요성

기업에 있어 고객만족은 왜 필요한가?

그 첫 번째 이유는 기업의 매출이 신규고객과 기존고객의 반복구매에서 일어나기 때문이다. 새로운 고객을 끌어들이는 것은 기존의 고객을 유지하는 것보다 많은 비용이 든다. 그러므로 신규고객 창출보다 기존 고객의 유지가 기업의 생존에 보다 중요하다. 이러한 중요성을 갖는 고객유지의 핵심은 바로 고객을 만족시키는 것이다. 만족한 고객은 반복구매를 하며 다른 사람에게 서비스에 대해 좋게 평가하며 경쟁업체의 브랜드와 광고에 관심을 크게 쏟지 않고 그 회사의 다른 서비스에 대해서도 호의적인 반응을 보내기 때문에 만족한 고객은 단순한 매체광고보다 훨씬 더 효과적인 광고수단이 될 수 있다. 고객만족은 불만족한 고객의 행동을 살펴봄으로써 더욱 명확하게 알 수 있다. 한 조사에 의하면 일반적으로 만족한 고객은 제품에 대한 좋은 경험을 3명의 타인에게 말하는 반면에 불만족한 고객은 11명에게 그 내용을 전달한다고 한다. 결국 한 기업의 관점에서 고객만족경영은 그 기업의 좋은 이미지와 시장확대를 위해 매우 중요하다.

둘째, 고객만족의 결과는 기업의 궁극적인 목적인 이익을 가져다주기 때문이다.

셋째, 고객만족에 의한 긍정적인 경영성과는 최일선 서비스종사원 개개인과 조직의 구성원을 존재하도록 하며, 더 나아가서는 사회 및 국가의 안정을 꾀한다.

넷째, 고객만족은 경쟁력을 향상시킨다.

무형성을 지니고 있는 서비스상품은 모방이 매우 쉽다.

예를 들어 어느 여행사에서 유럽배낭여행상품을 만들어 고객에게 판매하여 많은 이익을 보게 되면 여러 많은 다른 여행사들은 거의 같은 여행내용으로 상품을 만들어 판매한다. 또한 어느 호텔에서 개발한 차별화된 서비스가 큰 성과를 보게 되면 다른 경쟁업체들이 같은 서비스를 고객들에게 제공하는 경우를 볼 수 있다. 따라서 서비스를 제공하여 운영되고 있는 기업은 날로 치열한 경쟁 속에서 동종업체와의 경쟁력을 키우지 않으면 안 된다. 이와 같은 동종기업의 무한경쟁과 고객의 욕구가 날로 고급화, 다양화, 개성화되는 시점에서 고객 지향적인 사고로 전환하여 고객만족경영에 관심을 집중하는 것은 당연한 일이다. 그러나 지속적인 고객만족경영을 위해서는 고객의 만족을 창출하는 것도 중요하지만 고객의 불만을 효과적으로 처리함으로써 충성고객으로의 전환이 필요하다.

사례 1 고객만족에도 순서가 있다

어느 백화점에서 고객만족(CS)교육을 전 사원에 걸쳐서 진행한 'LIVE 피드백' 일화가 있다. 'LIVE 피드백'은 쉬는 시간에 교육생끼리 나누던 대화내용이다.

'오늘 도대체 몇 번을 더 웃는 연습과 인사연습을 해야 과정이 끝나는 것일까?'
'이유도 모르고 교육시간에 하라는 대로 하니까 재미가 없네.'
'지금도 고객에게 친절하다는 얘기를 듣는데 뭐가 더 필요하지?'
'친절만으로 고객을 만족시킬 수 있나?'

이 피드백은 지금도 유효하다. 다시 말해 고객만족을 위해 직원의 변화를 이끌어내기 위한 것은 바람직하지만 직원의 변화를 이끌어내기 위한 단계가 생략되어 있기 때문에 직원은 변화를 해야 하는 동기, 목적 그리고 직원이 변했을 때 효과를 믿지 못하는 것이다.

분명 '친절함'은 '불친절함'보다 고객에게 만족을 주게 되고 기업에 좋은 이미지를 갖게 함으로써 다시 방문하려는 동기를 제공하게 된다. 이를 통해 기업은 고객을 창출할 수 있고 매출의 증가를 가져올 수 있다.

하지만 중요한 것은 고객에게 기업과 직원이 친절함을 느끼게 해주는 것이다. 직원 스스로가 왜 친절해야 하는지 모르는 상태라면 아무리 친절한 행동을 해도 고객은 느낄 수 없기 때문이다. 또한 친절은 고객을 만족시키는 출발점이지 그 이상도 아니다. 즉 친절을 바탕으로 한 고객만족의 순서가 필요하다.

1단계 : 고객만족 목표 세우기

우리는 고객만족을 감성으로 접근하는 경향이 있다. '고객만족의 목적이 뭡니까?'라고 물으면 대답을 못하는 이유이기도 하다. 그리고 고객만족을 최종 목적이라고만 생각하기에 나오는 현상이다. 결과적으로 고객만족의 목적은 고객창출 그리고 경영목표의 달성이다. 따라서 고객만족은 신환고객 00명 창출, 고객유지율 00% 달성, 전 분기 대비 만족도 00% 상승 등 구체적으로 표시해야 한다. 그래야 직원들이 왜 고객만족을 해야 하는지 그 이유를 인식하게 된다.

2단계 : 추진 전략 세우기

목표에 맞는 방법을 찾는 것이 전략적 행동이다. 예를 들어 직장인 고객창출을 목표로 세웠다면 직장인이 가지고 있는 우리 기업의 만족도와 직원의 인식에 대한 갭을 찾기 위해 설문조사를 한다. 또는 그간 해왔던 설문을 통해 축적된 고객의 불평자료를 분석하여 최적의 방법을 찾는 행동이 필요하다. 이러한 행동을 통해서 고객만족 목표를 달성하기 위한 방향과 원칙이 세워지게 된다.

3단계 : 고객만족 전략 공감하기

기업에서 고객만족을 위한 별도 담당자를 두는 것은 인력상에 한계가 있다. 따라서 각자 업무에서 수립된 고객만족의 공감을 통해 자신의 역할을 세워야 한다. 아울러 자신의 역할을 전체적으로 공유하여 고객만족 수준의 균형을 맞춰줘야 한다. 그래야 직원에게 고객만족을 위해 무엇을 해야 하는지, 직원 자신에게 무엇이 부족한지에 대해서 알게 되기 때문이다.

4단계 : 고객만족 실행하기

안타깝게도 실행과 동시에 미처 생각하지 못한 문제가 발생하고 계획대로 되지 않음을 직원은 경험할 수도 있다. 그러나 그 과정은 필수적으로 동반되어야 한다. 현실과 계획에는 갭이 있다. 그 갭을 메우는 과정에서 직원은 원칙과 기준을 정할 수 있게 된다. 또한 고객만족 매뉴얼이 작성됨으로써 개인능력에 의한 고객만족이 아니라 시스템에 의해 고객을 만족시킬 수 있게 된다. 여기서 중요한 것은 고객만족 실행을 경영 목표달성, 고객창출 목표로 이끌어낼 수 있어야 한다는 것이다. 따라서 고객만족의 실행과 동시에 평가가 이루어져야 한다.

5단계 : 고객만족 학습시스템 만들기

고객만족을 위해 중요한 파트이다. 피드백이 빠진 고객만족 목표, 전략, 실행 절차만을 가동한다면 얼마 못 가서 고객을 만족시키는 방법은 효과가 감소하게 된다. 지속적인 피드백의 반영으로 변화하는 고객니즈, 기대수준을 반영할 수 있는 학습시스템을 구축해야 한다. 거창할 필요는 없다. 매월 1번씩이라도 전 직원이 모여 스스로 함께 평가하고 약점을 보완하고, 성공 및 실패사례를 공유하는 시간을 가져야 한다.

6단계 : 고객만족 문화 만들기

흔히들 간과하는 경우가 많은 부분이다. 고객만족에 대한 성공, 실패사례를 축적하게 되면 자연스럽게 기업의 고객만족 문화가 만들어진다. 예를 들어 접수대에서 고객불만이 생기면 접수직원 스스로 리더가 되어 고객불만을 해소하는 방법을 다른 직원과 함께 만들고 개선시킨다. 또한 고객이게 불만이 생겼을 경우 불만해소 채널을 인식하게 됨으로써 자연스럽게 해소하게 된다.

7단계 : 고객만족 축적자료의 전략적 활용

고객만족을 통해 관리해온 정보는 마케팅, 고객관계관리(CRM)시스템을 만들어 가는 데 바탕이 된다. 사실 대부분의 기업에서는 고객만족을 바로 시스템으로 개발하고 있다. 그러다 보니 비교할 근거가 없게 되고, 고객만족을 실천한 경험이 적었기에 시스템을 제대로 운영하기 어려운 점이 많다.

이렇게 고객만족에도 각 단계가 있다. 이는 물리적인 요소가 아니라 경험에서 나오는 인식과 깨달음이다. 직원은 실행동기부터 문제해결까지 고객만족을 위한 역량을 가지고 있다.

처음으로 돌아가 고객만족 요소를 하나하나 점검해보고, 그 점검에서 추상적인 행동을 실제적인 행동으로 변화시키고 직원의 실제적 행동 하나하나가 목표달성을 위해 전략적인 과정을 거친다면 고객만족을 통한 경영목표를 달성하는 기업만의 차별화를 가지게 될 것이다.

- 조세일보

CHAPTER 2 고객만족 이해하기

고객충성도는 만족이다

1 고객충성도의 개념

충성(loyalty)이란 사전적 의미로 '특정한 인간이나 집단, 신념에 자기를 바치고 지조를 굽히지 않는 일'이다. 이러한 충성의 개념을 사회, 경제 전반에 걸쳐 사용하고 있다. 이렇듯 고객충성도는 고객이 과거 경험을 바탕으로 같은 종목이나 유사한 종목을 반복적이고, 지속적으로 구매하려는 인간의 심리를 나타낸 것이라고 할 수 있다. 고객이 어느 상표에 대한 충성을 갖기 위해서는 구매 의사결정 과정에서 행동적 반응이 동종 및 경쟁 상표로부터의 대안에 대한 기대감이 없이 그것만 고집하는 신념이 있어야 한다. 고객은 어떤 제품을 구매하려고 할 때 높은 심리적 압박을 받게 되고 이를 해소하기 위해 이전에 구매 경험이 있는 동일한 기업 상표를 재구매하려는 경향이 매우 높다. 때문에 이미 어느 특정한 기업이나 상표에 대해 긍정적인 경험과 평가가 형성된 고객은 그 기업 및 상표에 대해 충성을 보일 확률이 크다.

고객만족경영(CSM)에 있어 "고객충성도(customer loyalty)"와 "고객관계관리(customer relationship management: CRM)"가 가장 중요한 관심분야가 되고 있다. 80년대에 가시화되었던 고객만족경영에 있어 기업들의 초기 관심은 불만고객을 최소화하고, 만족한 고객의 집단을 더욱 많이 만드는 일이었다. 그것은 고객만족점수와 고객의 구매행동 간에는 높은 상관관계가 있다는 가정하에 고객만족점수가 높아지면 그 회사의 제품과 서비스에 대한 고객의 구매비중과 타인에게 추천하는 비율이 더욱 높아지며 더 높은 가격을 지불할 의향이 높을 것이라 생각했던 것이다.

그러나 몇몇 연구결과에서 고객만족수준이 높아진다고 해서 반드시 판매량과 이윤증가로 이어지지 않는다는 이론이 제기되면서 고객만족경영에 대해 일부분 의구심을 갖게 되었다. 이러한 주장과 함께 고객만족과 판매증가(이윤 포함) 간의 상관관계에 대한 연구가 활발하게 이루어지면서 고객충성도가 기업의 재무적인 성장을 예측하는 데 더욱 신뢰성을 줄 수 있다는 측면을 발견하게 되었다. 그리하여 자사에 있어 고객충성도 비율이 얼마나 되는냐가 회사의 중요한 경영지표가 되면서 고객만족 추진에 있어 고객충성도 비율을 어떻게 증가시킬 것인가에 대한 관심이 증대되기 시작했다.

고객충성도 개념에는 고객 이탈률(customer defection)이 5% 감소하면 순이익(net profit)은 25~85%의 큰 증가를 가져올 수 있다는 데 그 기초를 두고 있다. 그 이유는 고정고객의 효과 때문이다. 고정고객일수록 가격에 대해 덜 민감하고 새로운 고객을 유치하는 것(seeking customers)보다 비용이 적게 들어간다. 다시 말해 마케팅 광고비용이 줄어들고 촉진활동의 비용도 줄어들게 된다. 결국 새로운 고객을 유치하는 것보다 평균적으로 5배 정도의 비용이 덜 든다.

혹자는 고객충성도를 개념화하기 위해서는 다음과 같은 조건을 갖추고 있어야만 한다고 주장한다.

첫째, 정기적으로 반복구매를 하는 고객

둘째, 그 기업에서 제공하는 다양한 품목의 제품과 서비스를 포괄적으로 구매하는 고객

셋째, 다른 사람들에게 그 업체(혹은 서비스)를 추천하는 고객

넷째, 경쟁업체의 유인전략에 동요하지 않는 고객

다섯째, 고객충성도를 강조할 때 많이 인용되는 것이 고객의 거래기간과의 수익관계, 고객 이탈 시 손실비용 등이며, 고객 보유기간이란 고객과 기업 간의 관계가 지속되는 기간을 의미하며 고객이탈은 바로 이러한 관계를 멈춘다는 것이다.

이상으로 볼 때 기업의 고객충성도는 고객만족의 실현을 통하여 자사의 제품과 서비스를 지속적으로 이용케 하며, 기존 고객의 이탈을 방지하여 고객관계를 높이는 것이라 할 수 있다. 결국 고객충성도를 높이기 위해 고객만족은 필수요소이다.

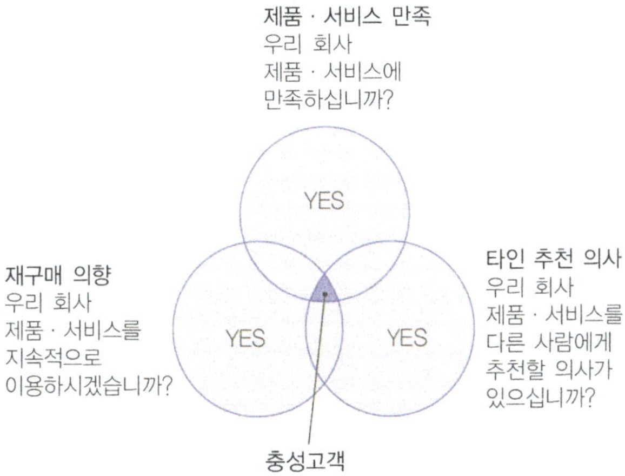

[그림 4-2] 충성고객 개념

2 고객충성도의 유형

고객충성도 향상으로 얻는 효과는 매우 다양하다. 고객들의 충성도로 인한 효과는 기업의 지속적인 수익 보장, 마케팅 비용의 절감, 긍정적 구전 증가, 가격 프리미엄의 증가, 그리고 경쟁력 강화 등이 있을 수 있다. 그리고 고객들이 어떤 특정 제품을 구매하기 위해서는 그 제품에 대한 몰입, 그 기업과 제품에 대한 긍정적 태도, 구매하고자 하는 제품군에 대한 사전지식, 믿음 등이 영향을 미치게 된다.

고객충성도는 고객들이 어떠한 대상에 충성을 보이느냐에 따라 그 유형을 다양하게 분류할 수 있다. 즉 상표 충성도(brand loyalty), 서비스 충성도(service loyalty), 점포 충성도(store loyalty) 등으로 구분할 수 있다.

1) 상표 충성도

상표 충성도는 동일한 제품군에서 특정 상표의 제품을 반복적으로 구매하는 상황이나 정도를 말한다. 이러한 상표 충성도는 제품에 대한 높은 관여도를 보이고, 상대적으로 복잡하지 않은 의사결정을 하는 경우에 나타나며, 소비자가 특정 상표에 대한 몰입과 더불어 심리적 태도를 포함하고 있다는 점에서 단순한 재구매 행위와 구별된다. 기업 입장에서 충성적인 소비자는 자사에 이익을 가져다줄 수 있다는 점에서 중요한 자산으로 작용한다.

백화점에서 쇼핑하는 상황을 가정해 본다. 때마침 운동화가 필요해서 운동화 매장으로 들어섰다. 매장에는 다양한 브랜드의 제품이 진열되어 있다. 여러 종류와 여러 상표의 운동화를 둘러보다가 지금 신고 있고 이전에도 구매한 경험이 있는 'N' 상표 운동화를 아무런 고민 없이 구매하여 만족스러움을 느끼며 매장 밖으로 나온다. 대부분의 사람들이 이러한 상황을 한 번쯤은 경험해 보았을 것이다.

2) 서비스 충성도

서비스 기업에서 흔히 볼 수 있는 서비스 충성도는 어느 특정 서비스 기업이 제공해 주는 서비스에 대해 충성을 보는 것을 의미한다. 즉 호텔, 여행사, 항공사, 미용실, 관공서, 교육기관 등에서 제공하는 서비스를 반복적이고 주기적으로 구매 혹은 이용하는 것이다. 서비스 충성도는 상표 충성도보다 측정하는 것과 인지하는 것이 더 복잡하고 까다롭다. 그 이유는 서비스는 눈에 보이지 않는 무형성이고, 이미 고객은 지각된 품질이 높기 때문이다.

3) 점포 충성도

점포는 상품을 전시, 판매하기 위해 만들어진 건물을 의미하며 음식점 등을 포함한다. 가격할인이 유행인 요즈음 많은 고객들은 한 점포에 그들의 소비를 충성적으로 집중시키는 경향을 볼 수 있다. 물론 점포 충성도에 있어서 가격만이 충성고객을 만드는 요인이 될 수는 없다. 고객들은 다양한 혜택과 서비스를 받기 위해 특정 점포에 대한 충성도를 높이고 있다.

3 충성고객 과정

고객변화 프로세스에서 불특정 다수(suspect)의 고객이 상품구매의 대상이 될 수 있을 때 잠재고객(prospect)이 된다. 잠재고객이 최초의 구매를 하게 되면 고객(customer)이 되고 반복구매를 하게 되면 단골고객(client)이 되며 기업체의 서비스 확대를 통해서 강화되면 충성고객(advocate)이 된다.

혹자는 여러 많은 MOT(moment of truth)에 있어 고객의 지각은 수시로 변하고 서비스 제공자 간의 극심한 경쟁 때문에 충성고객은 없다고 말한다. 하지만 현대 관광서비스 산업에 있어 고객을 자사의 충성고객으로 만들기 위한 노력을 게을리해서는 시장에서 존재할 수 없게 된다. 그러므로 고객충성도 비율을 증가시키기 위해 자사의 서비스에 대해서 반복구매를 하도록 하며, 기존고객이 이탈하지 않고 지속적으로 관계를 맺는 마케팅이 진행되어야 한다.

이에 따라 관계마케팅(relationship marketing)[18]과 이러한 마케팅의 가치를 창출하기 위한 고객관계관리(CRM)와 같은 일련의 프로그램을 개발해야만 한다. 고객이 자사의 서비스를 외면하기 전에 조기 경보 시스템의 도입으로 고객의 요구를 파악하고 그것을 경영에 직접 반영하여 기존고객을 잃지 않도록 하는 것이 매우 중요하다.

[그림 4-3] 충성고객 과정

사례 1 만족해도 떠나는 고객… 해답은 '충성고객'

신형 아이폰 출시 소식이 보도되면 세계 각국의 애플 스토어 앞에 소비자들이 긴 행렬을 이루는 풍경을 볼 수 있다. 더 이상 낯설지 않은 이 풍경은 애플이 얼마나 많은 충성고객을 확보하고 있는지 보여준다. 이들의 의사결정은 상대적으로 단순한데 그 이유는 애플에 완전히 몰입해 있기 때문이다.

성공한 브랜드의 조건은 두터운 지지층이 존재하느냐 존재하지 않느냐의 유무로 판단하는 시대다. 그만큼 충성고객은 기업들에게 중요한 사안이 됐다. 한국소비자포럼과 미국 브랜드 컨설팅 회사 브랜드키가 한국 프레스센터에서 '브랜드 고객충성도 대상' 시상식을 개최한다. 기업의 지속적인 성장에 있어 필수요소로 자리 잡은 고객충성도를 측정, '대한민국 고객충성도 1위 브랜드'를 선정하고 시상함으로써 브랜드가 안정적인 고객기반을 확보하고 나아가 글로벌 경쟁력을 갖출 수 있도록 제정한 상이다. 본 행사에 앞서 한국소비자포럼과 미국 브랜드키가 충성고객에 대한 개념과 정의를 Q&A로 소개한다.

Q1. 충성고객은 무엇인가?

충성고객이란 브랜드에 대한 충성된 마음, 변치 않고 지속적으로 그 브랜드만을 지지하는 성향을 가진 고객을 말한다. 이들은 장기적으로 브랜드를 구매하고 또 재구매한다. 또한 주변에 추천하여 긍정적 입소문을 퍼뜨린다. 제품의 가격인상에 민감하게 반응하지 않으며 더 많은 시간과 돈을 지불할지라도 그 브랜드를 선택한다. 또한 마케팅이나 광고 메시지에 관심을 기울이고 브랜드에 정서적으로 관여하고 참여한다. 충성고객은 기업의 판매와 수익성에 긍정적 영향은 물론 강력한 브랜드 로열티를 형성함으로써 고객의 삶에 가치를 주는 브랜드로 인식된다.

Q2. 만족했던 고객이 떠나는 이유는 무엇인가?

더 이상 기업들은 고객의 만족했다는 평가에 안주해선 안 된다. 만족한 고객일지라도 언제든 브랜드를 떠날 수 있기 때문이다. 브랜드가 고객의 기대치를 충족하지 못한다면 고객은 과거에 만족했다 하더라도 새로운 가치를 주는 브랜드를 선택하기 마련이다. 이는 경쟁이 치열해지고, 소비자의 기대수준이 빠르게 변화하는 오늘날 더욱 심해지고 있다. 전문가들은 기업의 마지막 고객이 충성고객으로 안착하는 것이 가장 이상적인 형태라 답하고 있다.

Q3. SNS(소셜네트워크서비스) '좋아요'나 판촉물 증정이 충성고객을 확보하는 데 도움을 주는가?

이는 단기간 성과는 나타날지 몰라도 장기적인 관점에서 브랜드에게 이로운 영향을 줄 수 없다. 충성고객은 판촉물이나 SNS에 크게 영향받지 않는다. 충성고객을 확보한 브랜드는 더 이상 저렴한 가격 경쟁에 뛰어들 필요가 없다. 강력한 충성고객은 다른 브랜드를 고려하지 않으며, 당신의 브랜드를 경쟁사보다 매력적으로 느끼기 때문이다.

Q4. 충성고객을 구축하여 얻은 성공사례가 있는가?

프록터앤드갬블(P&G)이 출시한 치약브랜드 크레스트(Crest)를 사용하는 충성고객의 경우 80%가 다시 재구매한다. 침체기였던 할리데이비슨을 구제한 것은 호그(HOG)라 불리는 할리의 충성고객이었다. 오늘날 충성고객이 갖는 의미가 중요해지면서 글로벌 브랜드는 전문화되고 세분화된 충성고객지표를 활용하며 더 이상 고객을 만족한 고객으로만 머물게 하지 않는다. 실제로 애플, 마이크로소프트, P&G, 아맥스, 토요타, 현대차, 삼성 등이 브랜드키의 CLEI모델(고객충성도지표)을 활용하고 있다.

- 한경닷컴

사례 2 쉽지 않은 충성고객 확보 첫째가는 브랜드 만들라

지난 수년간 브랜드 마케팅의 최우선 목표는 충성고객 확보와 관리였다. 이미 특정 브랜드에 대한 이해와 사랑을 가진 소비자를 공략해 반복 구매를 유도하는 전략은 치열하고도 비싸게 신규 고객을 유치하는 전략보다 설득력이 있어 보였다. 그러나 우후죽순 늘어난 충성고객 로열티 프로그램들은 '퍼주기'식 할인과 프로모션 위주인 데다 차별화도 불분명해 효과가 제한적인 경우가 많다. 브랜드와 제품 정보를 소비자가 쉽게 접할 수 있는 요즘 환경에서 충성고객조차도 마음이 흔들리고 이것저것 비교해보고 싶은 심리가 생기기 때문이다.

이런 소비자 구매 행동의 변화는 맥킨지가 최근 전 세계 12만 5,000명을 대상으로 한 조사에서도 극명하게 나타났다. 30개 카테고리, 350개 브랜드의 구매 과정을 분석한 결과, 이 중 27개 카테고리에서 소비자의 절대다수가 다양한 브랜드의 제품을 적극적으로 비교한 후 구매하는 성향을 보였다. 이들 카테고리에서 충성고객 비중은 불과 13%였다. 나머지 87%의 소비자가 여러 브랜드를 계속 기웃거리는 상황에서 마케팅 예산의 대부분을 로열티 프로그램에 쏟아붓고 있다면 분명 항로 변경이 필요하다.

조사에서 드러난 또 하나의 흥미로운 사실은 소비자가 구매 의사결정 과정 중 최초로 고려한 브랜드들이 최종 구매로까지 이어지는 확률이, 최초 이후에 고려 대상이 된 브랜드 대비 2배 이상 높다는 것이다. 여기서 착안해 개발한 지표가 'CGI(customer growth indicator · 고객성장지표)'다. CGI는 각 브랜드가 얼마나 자주 '최초 고려 브랜드군'에 들어가는가 하는 빈도에 시장점유율을 반영해 계산하는데, 대부분의 카테고리에서 매출 변화의 60~80%가 CGI로 설명됐다. CGI와 매출 성장 간의 높은 상관관계는 과거에 등장한 '추천지표'가 매출 변화의 20~60%를 설명하는 것과 대비된다. 즉, 브랜드 건전성을 진단하는 새롭고 유용한 벤치마크로서 CGI가 보다 널리 활용될 수 있는 것이다.

브랜드 마케터들에게는 이제 새로운 격전지가 생겼다. 바로 자사 브랜드를 이 '최초 고려 브랜드군'에 포함되도록 만드는 것. 이는 브랜드의 인지도를 높이는 것뿐 아니라 차별화된 가치와 장점까지 명확히 인식시켜야 하는 어려운 작업이다. 맥킨지는 CGI가 높은 기업들을 다수 벤치마킹해 이들의 성공 마케팅 전략을 세 가지 도출했다.

첫째는 공략하는 고객군의 확대다. 특히 과거에 자사 브랜드를 구매했다 중단한 '휴면고객'이 큰 성장 잠재력을 갖고 있다. 최초 고려 가능성에 영향을 미치는 핵심 접점이 브랜드에 대한 과거 경험이기 때문이다. 따라서 휴면고객이 재구매를 하지 않게 된 계기와 이유를 면밀히 파악해야 한다.

둘째는 CGI 제고를 위한 마케팅 전략 재설정이다. 과도한 비용의 로열티 마케팅을 줄이고 최초 고려 가능성을 높이기 위한 마케팅에 투자하는 것이다. 현대자동차가 미국 경기 침체기에 단기적 판매 인센티브에 의존하는 대신, 실직 시 고객의 차를 되사주는 바이백(buy back) 프로그램으로 '최초 고려 브랜드군'에 성공적으로 들어간 예가 대표적이다.

셋째는 혁신적 상품과 서비스, 브랜드 콘텐츠의 지속적인 개발이다. 새로운 제품이나 기능을 발표하고 제품을 창의적으로 포지셔닝하는 등의 브랜드 관련 뉴스는 신규 · 기존 고객 모두에게 해당 브랜드에 대한 최초 고려 가능성을 높인다. 휴대폰과 PC 카테고리에서 '최초 고려 브랜드군'에 안착한 애플이 이를 잘 활용했다.

- 매일경제

CHAPTER 03 고객만족 이해하기

고객관계관리는 소통이다

1 고객관계관리의 개념

고객관계관리(CRM : customer relationship management)는 과거의 대중 마케팅(mass marketing), 세분화 마케팅(segmentation marketing), 틈새 마케팅(niche marketing)과는 확실하게 구분되는 마케팅의 방법론으로 데이터베이스 마케팅(DB marketing)의 Individual marketing, One-to-One marketing, relationship marketing에서 진화한 요소들을 기반으로 등장했다.

고객관계관리란 신규고객 창출, 기존고객 유지, 고객 수익성을 증대시키기 위하여 고객들과 지속적인 커뮤니케이션을 통해 그들의 행동을 이해하고, 영향을 주기 위한 광범위한 접근방법이다. CRM은 고객 수익성을 우선하여 콜센터, 캠페인 관리도구와의 결합을 통해 고객 정보를 적극적으로 활용하며, 기업 내 사고를 바꾸자는 BPR[19]적인 성격이 내포되어 있다. 기업의 고객과 관련된 내 · 외부 자료를 이용하자는 측면은 데이터베이스 마케팅과 성격이 같다고 할 수 있다. 그러나 CRM의 경우 고객의 정보를 취할 수 있는 방법, 즉 고객 접점이 데이터베이스 마케팅에 비해 훨씬 더 다양하고, 이 다양한 정보의 취득을 전사적으로 행한다는 것이다.

또한 CRM은 고객 데이터의 세분화를 실시하여 신규고객 획득, 우수고객 유지, 고객가치 증진, 잠재고객 활성화, 평생 고객화와 같은 사이클을 통하여 고객을 적극적으로 관리하고 유도하며 고객의 가치를 극대화시킬 수 있는 전략을 통하여 마케팅을 실시한다.

2 고객관계관리의 목적

고객관계관리는 고객과의 지속적인 관계를 유지하면서 기업경영의 효율성을 높인다. 고객관계관리의 다양한 목적은 다음과 같다.

첫째, 고객과의 관계개선 및 고객이탈을 방지한다. 자사의 제품을 구입한 고객이 향후 지속적으로 구입할 것이라고 예상하는 것은 잘못된 사고이다. 지속적인 유대관계를 통하여 관심을 유지시켜야만 그 가능성이 높아질 뿐이다. 고객과의 소통으로 새로운 정보를 확보하고 관계를 개선함으로써 자사로부터의 이탈을 방지할 수 있다.

둘째, 고객 충성도를 높인다. 사람은 아무리 가까운 관계일지라도 소홀히 하면 멀어지게 된다. 고객과의 관계는 더욱 그렇기 때문에 지속적인 유대를 통하여 그들로 하여금 자사의 제품과 서비스에 충성도를 높일 수 있도록 한다.

셋째, 고객성향을 분석하여 만족도를 향상시킨다. 가처분소득(disposable income) 향상으로 인하여 소비는 늘어나고 있지만 단순한 소비로 이어지지는 않는다. 고객 개인의 성향과 같은 상황적 요인은 빠르게 변화되고 있다. 따라서 이러한 변화를 주기적으로 분석하여 그들의 니즈를 충족시킴으로써 만족도를 향상시켜야 한다.

넷째, 차별화 정책으로 경쟁력을 확보한다. 기업을 운영함에 있어 고객을 대상으로 다양한 방법으로 조사와 분석을 실시한다. 이러한 조사와 분석은 정보나 데이터 없이는 불가능하다. 결국 충분한 DB가 마련되어야 하고 그 DB를 바탕으로 분석이 이루어지며, 그 결과 고객들에게 차별화된 제품과 서비스를 제공할 수 있다.

다섯째, 운영 효과를 높인다. 고객관계관리를 통하여 충성고객 확보비율을 높이고, 이탈고객을 방지하고, 경쟁력을 통한 잠재고객 유치 등으로 마케팅 비용 절감효과를 거둘 수 있다. 결국 고객관계관리는 기업의 투자대비 수익률을 높이는 데 기여한다.

3 고객관계관리의 특징

고객관계관리를 구현하기 위해서는 고객 통합 데이터베이스(DB)가 구축되어야 하고, 구축된 DB로 고객 특성(구매패턴 · 취향 등)을 분석하고 고객 개개인의 행동을 예측해 다양한 마케팅 채널과 연계해야 한다. 고객관계관리는 고객의 정보, 즉 데이터베이스를 기초로 고객을 세부적으로 분류하여 효과적이고 효율적인 마케팅 전략을 개발하는 경영 전반에 걸친 관리체계이며, 이를 정보기술이 밑받침되어 구성된다.

고객생애(customer lifetime)의 여러 단계에 걸쳐 고객관계를 구축하고 강화하여 고객의 수익성을 극대화하려는 기본 목표를 가지고 있으며, 다음과 같은 특징을 가지고 있다.

첫째, 고객 지향적이다.

둘째, 고객 생애 전반에 걸쳐 고객관계를 구축하고 강화시켜 장기간 이윤을 추구한다.

셋째, 개별고객의 생애에 걸쳐 거래를 유지하거나 늘려 나가는 것이다.

넷째, 정보기술을 기반으로 한 과학적인 제반 환경의 효율적 활용을 요구한다.

다섯째, 고객과의 직접 접촉을 통해 쌍방향 커뮤니케이션을 지속한다.

여섯째, 단순한 마케팅에만 역점을 두는 것이 아니라 기업의 모든 내부프로세스의 통합을 요구한다.

사례 1 **[고객 마음을 사로잡는 CRM 성공전략]**

관리는 추가 매출 발생 위한 마케팅 활동이다

고객의 Customer는 매출의 근원이고, 관계의 Relationship은 수집된 고객 정보의 지속적인 업데이트라고 정의 내렸으며, 이제 남은 것은 관리 즉 Management이다. 결론부터 말하자면, 마케팅 관점에서 CRM의 Management는 정제된 고객 데이터를 활용해 기업에게 추가 매출을 발생시킬 수 있는 활동을 의미한다. 결국 고객의 가치를 정량적으로 계산해 고객점유율 기반의 목표를 수립하고, 꾸준히 관련 정보를 갱신시킨다 할지라도 기업이 CRM에 궁극적으로 기대하는 매출, 특히 추가 매출을 발생시키지 못한다면 이전의 행위들은 무의미하게 된다.

그렇다면 고객 정보를 기반으로 추가 매출을 발생시킬 수 있는 방안들은 어떠한 것들이 있을까? 첫 번째는 연관성 규칙(association rules) 분석을 통한 제품 추천이 있다. 해당 기법은 기존 구매 고객에게 본인도 미처 인지하지 못했던 또 다른 필요 제품을 기업이 먼저 추천함으로써 추가 매출을 발생시키는 것이다.

이와 관련한 대표적인 사례로 월마트의 맥주와 기저귀가 있다. 월마트가 매출을 올리고자 여러 가지 방안을 고민하다 영수증 데이터를 분석해보니, 맥주를 구매하는 고객이 기저귀도 동시에 필요로 한다는 기존에 알지 못했던 사실을 발견했다. 이러한 결과를 기반으로 맥주와 기저귀를 가까운 위치에 진열했더니 두 제품 모두 추가 매출이 발생했다는 것이다. 그 이유를 분석해보니 실제 어린 아이가 있는 가정은 외출이 어려우므로 집에서 마실 수 있는 주류가 필요했기 때문이었다.

장바구니 분석(market basket analysis)이라고도 불리는 이 기법은 다양한 고객데이터를 분석하는 CRM 부서에서 활용도가 높은 편이다. 사실 월마트의 맥주와 기저귀는 CRM 성공사례로 자주 언급되지만 실제로는 NCR이라는 조사회사에서 Osco Drug라는 약국(drug store) 데이터를 분석하면서 발견한 것으로, 현업에 적용되지는 않았고 관련된 많은 사람들을 통해 전설처럼 구전된 것이다.

두 번째는 고객세분화(customer segmentation) 기법을 활용하는 것이다. 우리가 마케팅에서 흔히 얘기하는 STP의 Segmentation(시장세분화)과는 달리 고객세분화는 기본적으로 RFM이라는 기준을 활용하고 있으며, R은 Recency(최근 구매시점), Frequency(구매빈도), Monetary(구매액)을 의미한다.

즉, 고객들의 거래 내역이나 이벤트 참여기록 등을 바탕으로 RFM을 계산해 세부 등급을 부여한 다음 각각에 대해 차별화된 캠페인 전략을 수립하고 구매를 유도하는 것이다. 일반적으로 통신사나 백화점 등에서 운영하는 고객 등급제도 또한 대부분 RFM 분석 기반으로 운영되고 있으며, 명칭은 다르지만 기본적으로 VIP, 우수, 일반, 휴면, 이탈로 세분화되고 휴면과 이탈등급은 표면적으로는 노출시키지 않는다.

RFM 기법 적용 시 추가 매출을 발생시키면서 내부적으로 우리의 고객관리 활동에 대한 정당성을 입증할 수 있는 고객군은 어디인가이다. 대부분이 선택하는 곳은 최우수 등급인 VIP인데, 기업에 대한 충성도가 가장 높고, 구매력 또한 타 고객군에 비해 월등히 높기 때문이다.

그런데 실제 VIP 고객군들을 대상으로 CRM 캠페인을 진행해보면 절대적인 매출액은 클지 모르나 최우수 등급에 걸맞게 제공되는 혜택들의 비용을 고려하면 추가적인 성과는 의외로 낮은 편이다. 오랫동안 CRM 업무 경험으로 비춰볼 때, 내부 조직원들에게 가장 빠르게 고객관리 활동의 필요성에 대한 공감대를 형성하고 실질적인 성과를 증명해내기에 적합한 대상으로 이탈고객군을 꼽는다.

VIP나 우수, 일반 등급 고객들은 현재 기업이 보유하고 있지만, 이탈고객은 과거에는 관계가 좋았지만 무엇인가에 문제가 있어 경쟁사에 빼앗긴 소중한 자산이다. 이런 고객들을 CRM 부서에서 분석해 선호하는 경품이나 프로모션 콘텐츠들을 체계적으로 실행함으로써 다시 경쟁사로부터 돌아오게 한다면 추가 매출의 발생은 당연한 것이다. 단, 대상의 수가 작다는 단점이 있긴 하나 내부적으로 CRM 활동의 중요성을 강조하고 성과를 측정하는 데는 가장 적합하다.

따라서 CRM에서 Management 즉 관리는 다양한 고품질의 고객정보를 분석 및 활용해 실질적으로 기업 매출에 기여할 수 있는 활동으로 정의되며, 핵심 전략으로는 맞춤형 제품 추천과 이탈고객에 대한 재구매 유도가 있다. 시장이 포화되고 경기가 어려워질수록 기업은 이러한 적극적 고객관리 활동을 통해 수익을 창출해낼 수 있는 세부적인 실행안이 필요하다.

- 이코노믹리뷰

CHAPTER 04 고객만족 이해하기

고객만족경영은 생존이다

1 고객만족경영의 개념

고객만족경영(customer satisfaction management)은 경영의 모든 부문을 고객의 입장에서 생각하고 고객을 만족시켜 기업을 유지하고자 하는 신경영기법이다. 1980년대 후반부터 미국과 유럽 등지에서 주목받기 시작하였다.

고객만족을 높이기 위해서는 고객의 기대를 충족시킬 수 있는 제품을 제공하고, 고객의 불만을 효과적으로 처리하며, 사원들의 복지 향상과 일체감 조성 등 기업에 대한 사원의 만족이 필수 요소이다. 결국 고객만족은 상품의 품질뿐 아니라 제품의 기획 · 설계 · 디자인 · 제작 · 사후 서비스 등 모든 과정에 걸쳐 제품에 내재된 기업문화 이미지와 함께 상품 이미지 · 기업이념 등을 고객에게 제공한다. 그리고 소비자의 만족감을 기대 이상으로 충족시킴으로써 고객의 재 구매율을 높이고 선호가 지속되도록 해야 한다.

결국 고객만족경영은 고객만족도를 높이는 데 중점을 두고 있다. 고객만족도를 높이는 것은 고정 고객층의 이탈 방지를 통해 안정적 기업의 이익을 확보하는 첩경이다. 고정 고객은 반복구매뿐만 아니라 호의적 구전(口傳)광고를 통해 새로운 고객을 창출하고 기업의 판촉비용을 경감시켜줌으로써 기업 이익을 크게 늘려준다.

2 고객만족경영의 중요성

일반적으로 기업은 고객이 요구하는 것을 제공해 줌으로써 만족한 고객을 만들 수 있으며, 또한 무한경쟁 시대에서의 경쟁우위의 핵심은 고객을 제대로 인식하는 것으로부터 시작하여야 한다. 그리고 고객만족경영은 기업으로 하여금 고객의 관점에서 고객의 욕구를 규정하기를 바란다. 또한 고객만족경영은 고객이 중심이 되고 고객에 의해 이끌어지는 경영(customer-driven management)으로 변화하기를 요구한다.

그렇다면 고객의 관점에서 생각하여 고객을 만족시키는 것이 왜 중요한가? 그것은 기업의 매출이 신규고객과 기존고객의 반복구매에서 일어나기 때문이다. 그러나 새로운 고객을 끌어들이는 것은 기존의 고객을 유지하는 것보다 많은 비용이 든다. 그러므로 신규고객 창출보다 기존고객의 유지가 기업의 생존에 보다 중요하다. 이러한 중요성을 갖는 고객유지의 핵심은 바로 고객을 만족시키는 것이다. 만족한 고객은 반복구매를 하며 다른 사람에게 그 서비스에 대해 좋게 평하고 경쟁업체의 브랜드와 광고에 관심을 크게 쏟지 않으며, 만족한 회사의 다른 서비스에 대해서도 호의적인 반응을 보내기 때문에 만족한 고객은 단순한 매체광고보다 훨씬 더 효과적인 광고수단이 될 수 있다. 따라서 고객만족경영은 기업의 좋은 이미지 유지와 시장확대를 위해 매우 중요하다.

그리고 기업이 고객만족경영을 추구해야 하는 이유는 시장의 경쟁이 점점 더 격화되고 있기 때문이다. WTO협정에 의해 내수시장이 개방되었고, 시장진입에 관한 정부의 여러 규제조치가 철폐되면서 국내 및 외국기업의 신규참여가 늘어나 공급확대로 인한 동종업체 간의 경쟁이 점점 심화되고 있다. 그리고 과거와는 달리 고객의 서비스 구매행동은 날로 변하고 있기 때문에 기업이 고객만족경영체제로 변하지 않으면 생존경쟁에서 살아남을 수 없다.

3 고객만족경영의 효과

유형의 제품이 좋은 상품이라면 그 단면의 품질로 고객의 구매가능성이 높을 수 있겠으나 무형의 서비스는 그렇지 못하다. 예를 들어 서비스 상품 중 호텔서비스는 종업원의 친절, 외형적인 건물, 실내장식, 음식의 맛, 부대시설, 객실의 안락함, 호텔의 입지성 등 고객을 만족시키기 위해서는 많은 요인을 모두 만족시켜야 하는 어려움이 있다. 그러나 장기적으로 기업의 성장을 가져오기 위해서는 고객만족경영을 하지 않으면 안 된다.

[그림 4-4]는 관광서비스를 제공함에 있어 고객이 만족하는 경우와 그 반대 경우의 결과가 기업에 어떠한 영향을 미치는지를 잘 나타내어주고 있다.

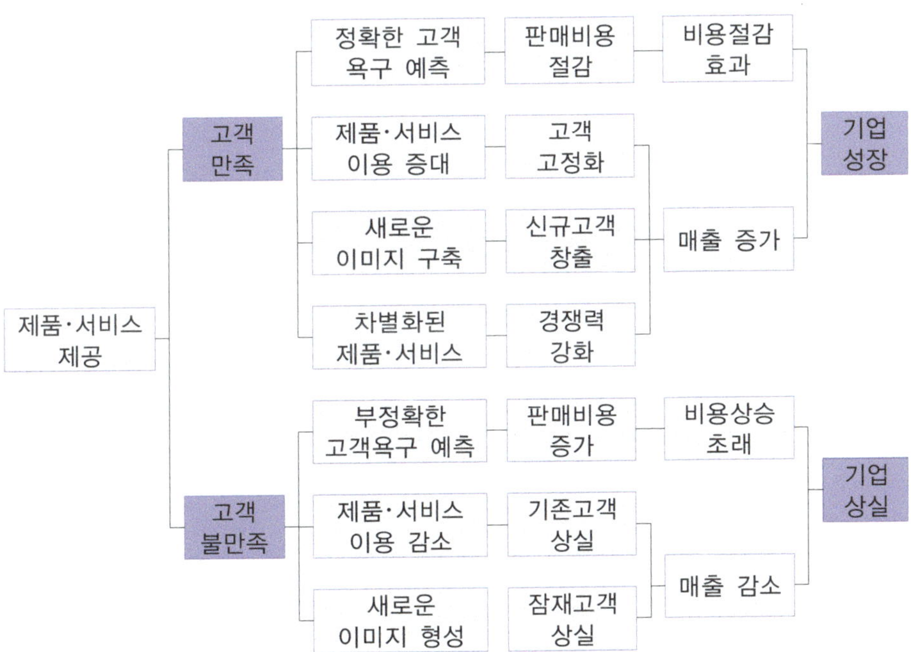

[그림 4-4] 고객만족경영의 효과

사례 1 Chef 조리 기내식·좌석 선택권… 2년 연속 '최고 항공사' 꼽혀

그동안 '저가형 상품'이라고 한다면 대부분 꼭 필요한 기능만을 제공하는 기존 제품의 '대체재' 성격이 강했다. 그러다 보니 비싼 가격의 다른 상품들과는 질적으로 부족한 점이 많았고, 동종 업계와 경쟁할 때는 '가격을 얼마나 낮추느냐'가 항상 화두가 됐다. 그러나 최근 단순히 가격뿐 아니라 가격 대비 만족도를 중요하게 여기는 '가성비'의 개념이 확산하면서 상품에도 변화가 나타나기 시작했다. 저가형임에도 동종 제품보다 다소 비싸더라도 값비싼 제품 못지않은 역할을 하는 상품에 시선이 가게 된 것이다. 금호아시아나그룹과 신세계는 이 '가성비'에서 인정받는 1등 제품으로 시장 내 입지를 굳혀가고 있다.

올해부터 셰프가 직접 기내식을 조리해 제공하는 '온보드 크루 셰프 서비스'를 강화한 아시아나항공 비즈니스석에서 셰프가 서비스를 준비하고 있다.(사진 제공 : 금호아시아나그룹)

금호아시아나그룹은 계열사의 서비스를 대폭 강화해 이 분야의 업계 1인자로 떠오르고 있다. 교통수단은 그동안 '속도와 성능'으로 경쟁하는 것이 일반적이었지만 최근에는 얼마나 쾌적한 서비스를 제공하느냐가 관건이 됐기 때문이다. 기내식을 강화하고 저가 항공사 서비스의 질 향상으로 아시아나항공은 '가성비의 매력'이란 특성을 가장 잘 실천해 가고 있다.

아시아나항공은 올해 초 기존 미주 노선 비즈니스클래스에서 기내 셰프가 직접 조리한 기내식을 서비스하는 'On board crew chef service'를 독일 프랑크푸르트 노선으로 확대했다.

지난 2006년 퍼스트클래스에서 첫선을 보인 'On board crew chef service'는 기내에서 셰프가 직접 조리한 기내식을 승객들에게 제공하는 서비스로, 승객들의 반응이 좋아 비즈니스석까지 서비스 대상이 확대됐다.

On board crew chef service는 와인 컨설턴트가 엄선한 기내 와인에 잘 어울리는 기내식 코스 메뉴를 개발한 것이 특징이다. 예를 들어 코스별로 '토마토 크러스트와 트러플을 얹어 구운 관자와 토마토 살사, 화이트 발사믹 펄 레몬드레싱을 곁들인 전채요리'에는 '2014년산 샹피 부르고뉴 샤르도네'를, 메인요리인 '그라스 비앙을 곁들인 쇠고기 안심스테이크와 계절 채소, 훈연 매시드 포테이토'와는 '2012년산 루이 엠 마티니 나파 밸리 카베르네 소비뇽'을 매치시켰다.

이 같은 노력에 힘입어 아시아나항공은 지난 2009년부터 에어트랜스포트월드(ATW)를 비롯해 해외 유수의 기관으로부터 '올해의 항공사 상'을 수상했다. 또 항공업계 품질 리서치 기관인 '스카이 트랙스'사로부터 2007년 4월 국내 항공사 중 처음으로 '5-Star 항공사'로 인증받은 이후 현재까지 그 자격을 유지해오고 있다. 국내에서도 아시아나항공의 서비스는 최고로 인정받고 있다.

아시아나항공은 지난 2015년 국내 항공사 최초로 △국가고객만족도(NCSI) △한국산업의 고객만족도(KCSI) △한국서비스 품질지수(KS-SQI) 등 국내 3대 서비스 평가 조사에서 항공부문 1위로 선정된 것에 이어, 지난해에도 2년 연속으로 '최고 항공사'로 뽑혔다.

또 아시아나항공은 오는 4월 차세대 중대형 항공기 A350 1호기 도입을 시작으로 올해 총 4대를 도입해 기재 경쟁력을 강화할 방침이다. 지난해 11월부터는 '업그레이드 회원권(Asiana first membership)' 제도를 도입해 장거리 상용 고객들의 편익 증대에 나섰다. 또 선호좌석 사전예매 서비스를 통해 좌석 앞 넓은 공간이 필요한 승객들의 선택권과 만족도를 높였다.

올해 창립 10주년을 맞은 에어부산은 2014년 김해공항 이용객 점유율 1위를 차지하며 지역의 대표 항공사로 자리 잡았다. 그동안 저가 항공사의 약점으로 지적되던 안전과 기내식을 신경썼던 것이 큰 효과를 봤다. 에어부산은 안전을 가장 중요한 가치로 삼고 시스템 투자, 훈련 강화, 안전대회의 실시 등 항공기 안전 운항과 정비에 가장 많은 역량을 투입해왔다.

또 에어부산은 저비용항공사 중 유일하게 기내식과 사전 좌석배정 서비스를 무상으로 제공하고, 국제선 위탁 수하물도 20㎏까지 허용하는 등 실용적인 서비스를 제공했다. 그 결과, 에어부산은 국토교통부가 실시한 항공교통서비스평가에서 3차례 연속 '매우 우수' 등급을 획득하며 안전한 항공사로 인정받았고, 지난해 KS-SQI, KCSI에 이어 지난달 '2017 한국에서 가장 존경받는 기업' 저비용항공 부문 1위에 선정되며 최고 수준의 서비스를 인정받았다.

금호고속은 '누워서 가는 고속도로 위 1등석'이라 불리는 프리미엄 고속버스를 지난해 11월부터 운행 중이다. 현재 서울~광주 노선에는 12대가 하루에 16회를 왕복하고 서울~부산 노선은 2대가 하루에 2회 왕복한다. 프리미엄 고속버스는 우등버스와도 차별화된 서비스를 제공한다. 같은 크기의 차체에 우등버스가 28개의 좌석인 반면, 프리미엄 고속버스는 21개의 좌석이다.

이에 따라 승객 1인이 차지할 수 있는 개인 공간이 확연히 넓다. 좌석의 총 길이는 160cm, 너비는 63cm로 항공기 비즈니스석과 비슷한 수준이며, 최대 165도까지 의자를 뒤로 젖힐 수 있다. 이런 프리미엄 고속버스 노선은 올 상반기 중에 서울~목포와 서울~대구 등으로 확대될 예정이다.

\- 문화일보

사례 2

금호아시아나그룹은 올해 경영방침을 '4차 산업사회 선도'로 정하고 글로벌 경영을 확대해 나가고 있다. 4차 산업혁명의 급격한 변화에 발맞추지 않으면 미래 경쟁력을 확보할 수 없다는 위기감에 따른 조치다.

그룹의 주요 계열사인 아시아나항공, 금호타이어, 금호산업, 아시아나IDT 등은 이 같은 경영목표를 달성하기 위한 키워드로 '빅데이터'를 선정하고 관련 사업에 적극적으로 나섰다.

우선 아시아나항공은 판매에서 최종 서비스 단계까지 운항정보 · 항공기 정비 · 고객정보 등 다양한 경로를 통해 수집되는 빅데이터를 활용해 고객만족도를 높일 계획이다.

아시아나항공은 지난 5월부터 캐빈승무원 교육에 VR 교육을 도입했다. 아시아나항공 승무원이 VR 동영상을 이용한 A350기종 체험과정에 참가해 훈련을 받고 있다.(사진 제공 : 금호아시아나 그룹)

빅데이터를 활용한 고객 맞춤형 상품 개발, 공항 수속 절차 업그레이드, 항공기 예방 정비 수행 등을 우선 과제로 시행한다. 고객만족도 향상은 물론 생산성 향상과 안전 역량 강화에도 크게 기여할 것으로 기대하고 있다. 아시아나는 4차 산업 기술 적용의 일환으로 지난 5월부터 캐빈승무원 교육에 가상현실(VR) 교육을 도입해 운용 중이다. 신규 도입한 A350을 대상으로 VR 동영상으로 제작된 교육자료를 활용해 기종 체험 훈련을 실행하고 있다. A380 등 7개 전 기종 VR 영상을 제작해 교육에 활용한다.

금호타이어는 공정 내 품질정보 분석을 통해 생산 최적화를 실현할 수 있는 품질 모니터링 시스템을 구축하고 있다. 생산 및 물류 · 영업 분야에서 개별관리, 제품 추적을 지원하는 시스템을 통해 4차 산업사회에 대비하는 것이다. 금호타이어는 빅데이터 분석 및 정보기술(IT)을 접목해 전사 시스템 통합 등 스마트한 업무환경을 구축할 예정이다.

금호건설은 지난해 11월 월패드 스마트어울림 애플리케이션(앱)을 개발해 브랜드 이미지를 통합관리하고 있다.

스마트어울림은 스마트기기를 이용하여 가정 내 조명 · 가스 · 전력 · 난방 등을 원격제어하는 모바일 앱이다. 가구 내부 조명, 대기전력, 가스, 난방, 환기 상태 파악 · 제어가 가능하고, 단지 내 CCTV도 영상으로 확인할 수 있다.

사물인터넷(IoT)과 주거상품을 접목한 새로운 서비스를 지속 개발할 예정이다. 이를 통해 하자 접수까지 가능해 입주자 편의를 고려한 서비스가 가능할 것으로 예상된다. 하자처리 진행상황을 입주자와 시공사, 협력회사가 상호 공유할 수 있어 신뢰성이 향상될 수 있어서다. 금호건설은 이 시스템을 분양을 앞둔 '부산남천 금호어울림 더 비치' 사업장부터 적용할 계획이다.

아시아나IDT는 지난해부터 IoT, 빅데이터, 클라우드, 모바일 등 신기술 적용과 관련한 솔루션 개발에 주력했다. 지난해 9월 그룹사 임직원 등을 대상으로 금호아시아나 'IT 솔루션 데이'를 개최한 바 있다.

또 지난해 6월에는 빅데이터 통합분석 서비스인 '인사이트 아이'를 개발했다.

이는 기업의 내부 데이터와 인터넷 포털, 소셜네트워크서비스(SNS), 위치기반 정보, 국가통계 정보 등 외부 데이터를 통해 고객 반응을 통합 분석하고, 데이터 간 상관 관계를 도출해 경영전략을 수립하기 위한 서비스다. 예를 들어 인스타그램, 페이스북, 트위터 등 고객 SNS 데이터를 수집해 매출 추이, 타깃 고객, 외부 환경과 업종 간 상관관계 등을 분석 · 예측하고, 광고 · 마케팅 전략의 방향성을 제시한다.

금호아시아나그룹 관계자는 "혁신적인 아이디어와 기술력으로 그룹사의 영업 · 생산 · 품질 · 안전 · 서비스 경쟁력을 강화하고, 새로운 IT를 융합해 새로운 가치를 창출하기 위해 매진할 계획"이라고 말했다.

- 매일경제

CHAPTER 05 고객만족 이해하기

고객 불평행동은 기회다

1 고객 불평행동의 개념

고객 불평행동은 제품과 서비스 구매와 이용에 따른 불만족 경험을 행동으로 옮기는 것이다. 제품이나 서비스 구매 · 이용에 따른 불만족을 표현하는 고객의 불평행동은 주로 제품 구매나 서비스 이용 이후에 이루어진다. 물론 제품 구매 및 서비스 이용과정에서 기업 관계자들에게 여러 불평을 하는 경우도 많다. 그러나 고객 불평행동은 경험적인 관점에서 고객들의 구매 의사결정단계 중 구매 후 평가 단계에서 기대와 실제 성과(경험) 간의 차이를 느껴 발생되는 불만족에 의해 유발되는 반응이라고 할 수 있다. 고객의 불평행동은 주로 그 기업이 마련한 불평 창구를 이용하거나 서비스 상품일 경우는 주로 현장에서 나타낸다. 그러나 고객들의 성향에 따라 다르기는 하지만 많은 사람들은 불평을 하지 않는다. 기업이 만든 제품이나 서비스가 완벽하여 고객들로부터 불만이 없으면 그보다 이상적인 경영은 없다. 하지만 고객들의 성향과 상황적 여건들이 모두 다르기 때문에 불평 · 불만이 없을 수 없다. 따라서 고객 불평행동은 고객이 가지고 있는 문제를 기업이 쉽게 발견하고 이를 바탕으로 더 좋은 수준의 제품이나 서비스를 고객에게 제공할 수 있는 기회가 된다.

2 고객 불평행동의 유형

데이와 랜던(Day & Landon)의 고객 불평행동 분류는 고객의 의사결정에 따라 불평유형을 불평행동을 할 것인지 하지 않을 것인지 두 가지로 분류하였다. 고객은 오히려 불평행동을 하지 않고 불만족한 사실을 친구에게 알리거나, 구매한 점포와 상포 또는 제품을 재구매하지 않는 사적인 행동을 할 수 있다. 또한 다른 유형으로 고객은 기업에서 보상을 요구하거나 다른 조직을 통하여 불만표시 및 법적인 행동을 취할 수 있다. 고객 불평행동의 유형은 [그림 4-5]와 같다.

불만족을 경험한 고객들은 불평행동보다는 사적 행동이, 사적 행동보다는 공적 행동이 보다 높은 수준의 불평행동이라고 간주할 수 있다. 이것은 고객 불만을 전달하는 데 투입되는 시간과 노력이 요구되어 상대적으로 더 많은 경제적 비용과 불평행동에 따르는 심리적 비용이 수반되기 때문이다.

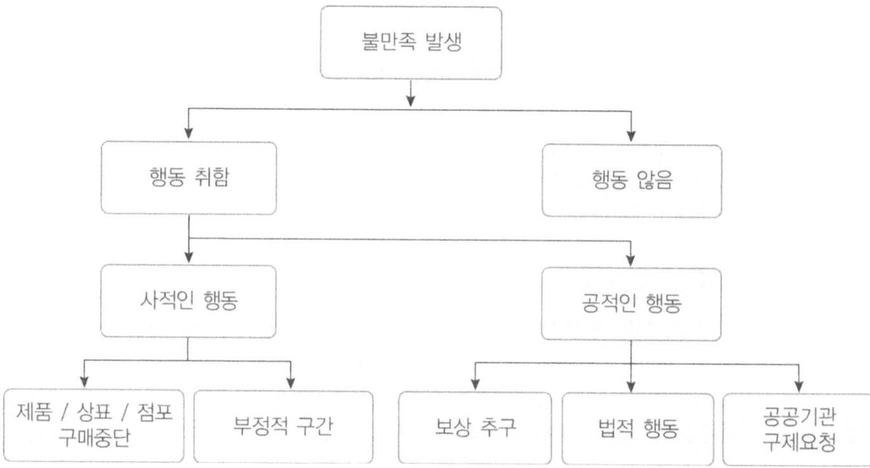

[그림 4-5] 고객 불평행동의 유형

자료 : Day & Landon(1976)

한편 싱(Singh)은 [그림 4-6]과 같이 고객 불평행동의 유형을 표현 반응, 사적인 반응, 제3자 반응의 세 가지로 나누어 분류하고 있다.

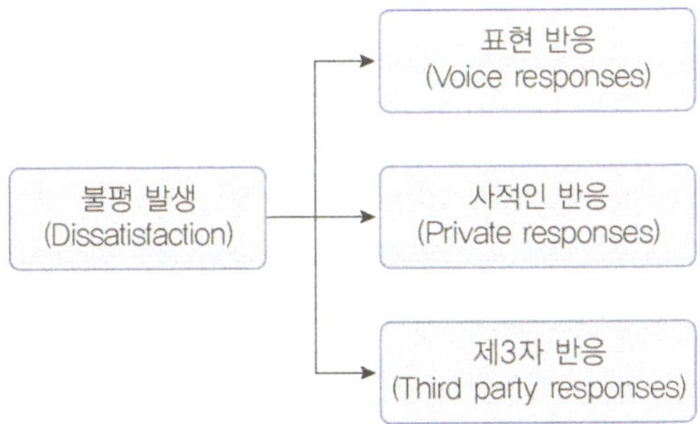

[그림 4-6] 고객 불평행동의 유형

자료 : Singh(1990)

3 고객 불평행동의 영향

펜실베이니아 대학교 경영대학원 와튼스쿨(Wharton School of the University of Pennsylvania)은 쇼핑을 한 고객들을 대상으로 설문조사를 실시한 결과를 발표하였다. 이 '불만 고객 연구보고서'에 의하면 불만을 느낀 고객 중 6%만이 그 기업에 항의하였다. 무려 63%의 고객들은 아무런 반응을 보이지 않았으며, 31%의 고객들은 구전을 통하여 다른 사람들에게 불만을 전달하였다. 흥미로운 내용은 이들이 겪은 불만을 3~5명에게 전달하는 비율이 78%나 된다는 것이다.

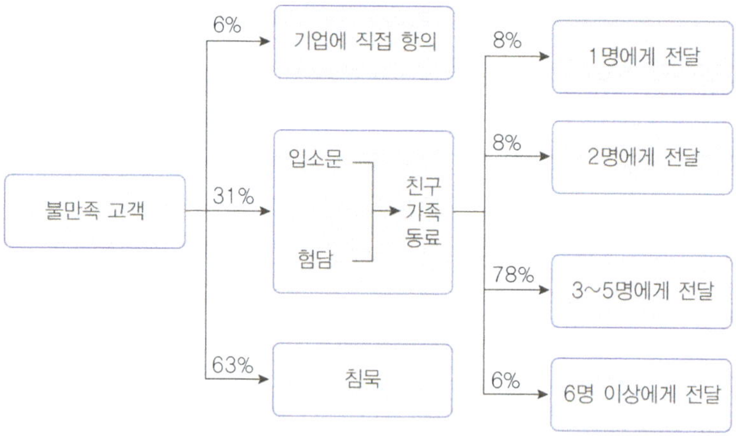

[그림 4-7] 고객 불만족의 반응

자료 : Wharton School of the University of Pennsylvania(2006)

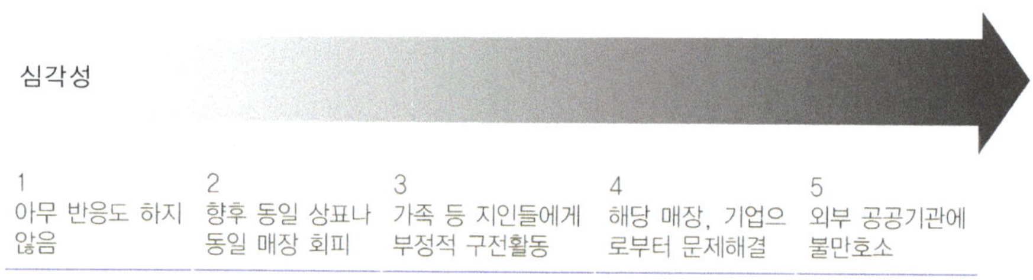

[그림 4-8] 고객 불평행동 단계

참고문헌

권혁률(2014), 관광서비스론, 현학사
네이버 지식백과, 고객관계관리(customer relationship management, 顧客關係管理), 두산백과
네이버 지식백과, 고객만족경영(customer satisfaction management, 顧客滿足經營), 두산백과
신건철(2001), 고객 점유 마케팅 전략과 사례, 한국마케팅연구원
원석희(2001), 서비스 운영관리-고객만족을 통한 가치창출-, 형설출판사
원석희(1998), 서비스 품질경영-서비스 품질의 완벽추구-, 형설출판사
이문규(1999), 소비자 행동 분석을 통한 마케팅 전략의 수립방안, 월간마케팅, 12월호, 한국마케팅연구원
펜실베이니아대학교 와튼스쿨(2006), 불만고객 연구보고서
최정환 · 이유재(2001), 죽은 CRM 살아있는 CRM, 한언, pp. 79-80
한상록(2001), Customer Loyalty와 CRM, 한국고객만족경영학회, 제17호
Czepiel, John A., & Robert Gilmore(1987), "Exploring the Concept of Loyalty in Service", Service Marketing, 149 Challenge, pp. 91-94
Day & Landon(1976), Collecting comprehensive consumer complaining data by survey research, Advances in Consumer Research, 3(1): 263-268
Gremler, D. D., & Brown, S. W.(1996), "Service loyalty: Its nature, importance and implications", American Marketing association, pp. 71-80
http://news.hankyung.com/article/201703232035a?nv=o
http://news.mk.co.kr/newsRead.php?year=2017&no=375088
http://news.mk.co.kr/newsRead.php?year=2017&no=483240
http://www.joseilbo.com/news/htmls/2017/04/20170421322547.html
http://www.munhwa.com/news/view.html?no=2017032301032039274001
Parasuraman, A., Zeithaml, Valarie A., and Berry, Leonard L.(1994), "Reassessment of Expectations as a Comparison Standard in Measuring Service Quality: Implications for Future Research", *Journal of Marketing*, 58, 1(January): 111-124; Oliver, Richard L., "A Conceptual Model of Service quality and Service Satisfaction: Compatible Goals, Different Concepts", in *Advances in Services Marketing and Management*, Vol. 2, ed. by Swarth, Bowen, and Brown, op. cit., pp. 65-85; Biter, Mary Jo and Hubbert Amy R.(1993), "Encounter Satisfaction vs. Overall Satisfaction vs. Quality: The

Customer's Voice", in *Service Quality: New Directions in Theory and Practice*, ed. by Rust, Roland T. and Oliver, Richard L., Newbury Park, Calif.: Sage, op. cit., pp. 71-93

Singh(1990), "Identifying consumer dissatisfaction response style: An agenda for future research", *European Journal of Marketing*, 24(6): 55-72

Zeithaml, Valarie A. and Bitner, Mary Jo(1998), 전인수 편역, *Service Marketing*, McGraw-Hill Book Co., 석정

미주

1) 프랑스의 경제학자·실업가이다. 그는 자유주의적 관점을 정식화하였으며, 경쟁, 자유 무역의 활성화와 경제적 규제 철폐를 주장했다. 1794년부터 1800년까지 세는 『La Decade philosophique, litteraire, et politique』(철학, 학문, 정치의 시대)라는 잡지의 편집장이 되었다. 그곳에서 그는 애덤 스미스의 이론을 해석하게 된다. 이를 통해 평론가로서의 명성을 쌓은 세이는 1799년에 나폴레옹의 통령 정부에 참여하게 된다. 그는 1800년에 『Olbie, ou essai sur les moyens de reformer les moeurs d'une nation』, 1803년에 자신의 중심 저작인 『정치경제학 개론』(Traité d'économie politique ou simple exposition de la manière dont se forment, se distribuent et se composent les richesses)을 발표했다. 1804년, 나폴레옹 정부에 참여하기를 부담스러워한 세이는 결국 정부를 떠나 다시 실업가로 활동하기 시작했다. 그는 파드칼레의 오시에 500명(대부분이 여자와 아이들)가량이 일하는 방적 공장을 소유했다. 그리고 여가시간에는 자신의 경제학 논문 저술에 전념했다. 1814년에는 자신의 저서 『정치경제학개론』의 재판을 발행했는데, 그는 이것을 스스로를 세의 제자라 자칭해온 러시아의 알렉산드르 1세에게 헌정했다. 같은 해에 그는 프랑스 정부의 파견으로 대영제국의 경제상황을 조사하고 돌아와 그에 관한 저서를 남겼다.(위키백과)

   경제 전체적으로 봤을 때 일단 공급이 이루어지면 그만큼의 수요가 자연적으로 생겨나므로, 유효수요 부족에 따른 공급과잉이 발생하지 않음을 의미한다. 결과적으로 시장은 언제나 균형 상태를 유지한다.

   산업혁명의 초기라는 시대적 배경하에서 산업화에 따른 고도의 경제성장이 가능했기 때문에 고전파학 경제학은 저성장 국면을 고려하지 않은 낙관주의적 관점에서 경제성장의 무한성을 이 법칙으로 설명한다.(나무위키)

2) 공급(생산)이 스스로 자신의 수요를 창출한다는 말로, 경제 전체의 총공급이 필연적으로 동일한 양만큼의 총수요를 만들어낸다는, 총수요와 총공급 간 인과관계를 의미한다. 세이의 법칙은 케인스 이전까지는 '시장의 법칙'이라는 이름으로 알려져 있었다.

   케인스가 시장의 법칙을 세이의 법칙이라 부르다.
   세이의 법칙은 당초 '시장의 법칙(law of markets)'이란 명칭으로 통용되어 왔다. 물론 그 아이디어는 고전학파 경제학자인 프랑스의 장 바티스트 세이(Jean-Babtiste Say)가 1803년 출간한 저서 『정치경제론』(Traite d'economie politique)에서 찾아볼 수 있다.

하지만 경제학자들 중에는 그러한 아이디어의 저작권자가 세이라는 점에 동의하지 않는 사람도 많다. 제임스 밀(James Mill), 데이비드 리카르도(David Ricardo), 토머스 맬서스(Thomas Malthus), 존 스튜어트 밀(John Stuart Mill) 등 몇몇 고전학파 경제학자들도 시장의 법칙을 논했었기 때문이다.

세이의 법칙이란 표현이 보편화된 것은 1930년대 미국 대공황 극복의 이론적 토대를 제시한 케인스(John Maynard Keynes)가 시장의 법칙을 세이의 법칙이라 불렀기 때문이다.

시장 전반에 걸쳐서는 총공급과 총수요가 일치한다는 세이의 법칙

세이는 사람들이 소비(수요)하는 것은 자신들이 생산하는 재화를 시장에서 판매(공급)함으로써 돈을 벌 수 있다고 예상하기 때문이라고 주장했다. 돈을 벌 수 있을 것이라고 믿기 때문에 소비에 나설 수 있다는 것이다. 따라서 일정한 양의 재화가 시장에 공급된다는 사실은 동일한 양만큼의 수요가 시장 어딘가에 공존한다는 증거인 셈이다.

즉, 세이의 법칙은 특정 재화의 시장별 공급이 동일한 양의 수요를 만들어낸다는 의미가 아니다. "공급이 스스로 자신의 수요를 창출한다(Supply creates its own demand)."는 표현은 경제 전반에 걸쳐 그러한 인과관계가 성립함을 강조하는 말이다.

세이는 한 재화의 시장에서 초과공급이 존재하는 경우, 반드시 다른 어떤 재화의 시장에서는 초과수요가 존재할 수밖에 없다고 주장했다. 즉, 일부 개별시장에서는 초과공급이 나타날 수 있어도 경제 전반적인 초과공급은 존재할 수 없다는 것이다. 한 시장의 초과공급이 다른 시장의 초과수요에 의해 상쇄된다고 본 것이다.

이렇게 볼 때, 세이의 법칙을 좀 더 구체적으로 표현하면 다음과 같다.

"X재의 공급이 Y재의 수요를 창출한다." 또는 "X재의 공급자가 Y재를 구매(수요)한다." 다만, 그러한 인과관계가 성립하기 위해서는 "사람들이 X재를 구매(수요)한다."는 가정이 반드시 필요하다.

세이는 그러한 인과관계가 경제 내의 다수의 재화들 간에 성립함으로써 시장 전반에 걸쳐서는 총공급(aggregate supply)과 총수요(aggregate demand)가 일치한다고 보았다.

세이의 법칙의 함정

세이는 공급자가 벌어들인 돈이 저장(저축)될 수 있다는 측면을 외면했다.

이와 같이 세이의 법칙은 어떤 재화의 공급자가 판매를 통해 벌어들인 돈을 다른 재화 구입을 위해 모두 지출한다는 암묵적 가정을 전제로 한다. 즉, 세이는 공급자가 벌어들인 돈이 저장(저축)될 수 있다는 측면을 외면한 것이다. 돈(화폐)이란 오로지 물건을 사고파는 거래를 돕기 위한 교환매개 수단(medium of exchange)에 불과하다고 본 것이다.

이러한 논리하에서, 세이는 재화의 생산・판매를 통해 벌어들인 돈이 크든 작든 저장(저축)됨으로써 공급이 충분한 수요를 창출하지 못할 가능성을 인식하지 못했다. 동시대의 고전학파 경제학자들조차 이러한 세이의 주장에 대한 견해가 엇갈렸다. 제임스 밀과 데이비드 리카르도는 찬성을, 토머스 맬서스와 존 스튜어트 밀은 반대 입장을 보였다.

세이의 법칙은 장기적으로 볼 때만 가능하다는 존 스튜어트 밀의 견해

반대 입장에 선 자들 가운데, 특히 존 스튜어트 밀은 시장경제에서 일시적으로 초과공급(수요부족)이 발생할 수는 있으나, 장기적으로는 시장기능에 의해 그러한 초과공급이 해소된다고 주장했다. 그의 지적 이후 세이의 법칙은 다음과 같이 변형된 모습으로 알려져 왔다.

공급이 그에 상응하는 수요를 스스로 만들어낸다는 법칙은 단기가 아닌 장기에 성립하는 법칙이다.

화폐가 거래를 매개하지 않는 물물교환경제(barter economy)하에서는 초과공급이 존재할 수 없다.

화폐경제(monetary economy)하에서는 구매자들(공급자들)이 화폐를 보유(저축)하려는 동기가 높아질 경우, 초과공급이 존재할 수 있다. 물론 이러한 수정・보완된 세이의 법칙은 세이가 자신의 저서에서 밝혔던 견해가 아니다.

1929년 미국의 대공황, 수요가 공급을 따라주지 않아 세이의 법칙이 무너지다.

실제로 1929년 발발한 미국의 대공황(The Great Depression)은 세이의 법칙에 도전장을 내밀었다.

당시 미국의 실업률은 약 25%까지 치솟았고, 실업자는 약 1,500만 명에 이르렀다. 세이의 법칙에 어긋나게 수요가 공급을 따라주지 않는 상황, 즉 총수요가 총공급에 훨씬 미치지 못하는 재앙이 닥친 것이다. 수요가 뒷받침되지 않는 상황하에서 대규모 해고가 불가피했다.

1936년 케인스는 세이의 법칙이 사실이 아니며, 총공급보다 총수요가 경제 전반적인 상황을 결정하는 핵심변수라고 주장했다. 그에 따르면, 총수요는 총공급보다, 경기변동 주기에 따라 변화하는 개인의 소비성향과 기업의 투자성향에 의존한다고 보았다.

예컨대, 소비와 투자가 위축되는 경기침체 시에는 총수요가 총공급에 미치지 못한다는 것이다. 생산된 재화가 다 팔리지 않아 재고가 남아도는 상황에서 완전고용을 기대할 수는 없다는 것이다.

세이의 법칙이 주는 반면교사(反面教師)
공급은 스스로의 수요를 창출하지 않는다.

오늘날 최소한 주류 경제학자들 중에 세이의 법칙을 인정하는 사람은 없다. 공급이 스스로의 수요를 창출하지는 않는다는 것이다. 좀 더 적극적으로, 경기침체 시에는 특히 수요가 스스로의 공급을 창출한다고 본다.

노벨상 수상자인 폴 크루그만(Paul Krugman)은 2008년 미국 서브프라임모기지 사태로 촉발된 금융위기 이후의 세계경제 추이가 세이의 법칙과는 정반대의 법칙이 성립함을 보여주었다고 주장한다. 그는 심지어 "부족한 수요가 공급을 파괴한다(inadequate demand destroys supply)."라고까지 말한다. 이는 경제 전반의 지속적인 총수요 부족이 생산활동을 둔화시키는 것은 물론이고 성장잠재력 자체를 훼손한다는 것을 의미한다. 심각한 내수침체의 터널을 통과 중인 우리가 각별히 유념해야 할 말이다.(네이버 지식백과, ㈜북이십일 21세기북스)

3) 라피크와 아흐메드(Rafiq & Ahmed, 2000)는 선행 연구들을 종합해 인터널 마케팅은 다음의 다섯 가지 목적을 가진다고 정리했다.

① 임직원들에게 동기를 부여해 만족감 제공
② 고객 지향성과 고객만족
③ 기업 내 조직 간 협력과 통합
④ 마케팅 기법의 활용
⑤ 구체적인 기업 또는 조직 전략의 실행

아울러 이들은 인터널 마케팅에 관한 주요 연구 흐름과 특징을 아래와 같은 세 가지 분야로 정리했다.

하나, 임직원 동기부여와 만족
이 관점에 따르면 최고 수준의 임직원을 고용하고 유지하며, 이들에게 동기를 부여하는 것이 중요하다. 이를 통해 기업들은 조직의 철학에 관한 높은 이해수준, 적극 행동, 높은 직무 만족도를 보유한 임직원들을 확보할 수 있다는 것이다. 또한 이를 통해 경쟁사들과 차별화를 이루어 궁극적으로 지속가능한 경쟁력을 갖춘 조직으로 성장할 수 있다.

둘, 고객 지향적 경영철학
그뢴루스(Grönroos, 1985)의 논의로부터 출발한 이 개념은 임직원들은 고객과 접점에 있기 때문에 고객의 욕구에 민감해야 한다고 주장한다. 그는 인터널 마케팅을 '종업원이 고객 또는 시장 지향적 태도를 지니게 하기 위한 경영철학'이라고 규정했다. 베리(Berry, 1981)는 '고객으로서 임직원(employees as customers)'을 만족시키고 동기를 부여해야 한다고 했는데, 그륀루스는 고객 지향적인 임직원들을 양성하는 방법에 초점을 맞추었다는 것이다.

셋, 인터널 마케팅 – 전략 실행과 변화 관리
마지막 단계는 전략 실행을 위한 수단으로 인터널 마케팅의 역할을 인식하기 시작하면서 촉발되었다. 이 접근법은 인터널 마케팅이 기업의 전략을 실행하는 데 도움을 주는 방편임을 강조하며, 구체적인 실행 도구·방법의 중요성을 강조했다. 또한 이 접근법은 인터널 마케팅이 다양한 부서를 통합시키고 부서들 간 마찰과 충돌을 극복하는 방안이라 강조하고 있다.(네이버 지식백과, 커뮤니케이션북스)

4) 미국의 과학사학자이자 철학자인 토머스 쿤(Thomas Kuhn)이 그의 저서 『과학혁명의 구조』(The Structure of Scientific Revolution, 1962)에서 새롭게 제시하여 널리 통용된 개념이다. '패러다임'은 '사례·예제·실례·본보기' 등을 뜻하는 그리스어 '파라데이그마(paradeigma)'에서 유래한 것으로, 언어학에서 빌려온 개념이다. 즉 으뜸꼴·표준꼴을 뜻하는데, 이는 하나의 기본 동사에서 활용(活用)에 따라 파생형이 생기는 것과 마찬가지다. 이런 의미에서 쿤은 패러다임을 한 시대를 지배하는 과학적 인식·이론·관습·사고·관념·가치관 등이 결합된 총체적인 틀 또는 개념의 집합체로 정의하였다.

쿤에 따르면, 과학사의 특정한 시기에는 언제나 개인이 아니라 전체 과학자 집단에 의해 공식적으로 인정된 모범적인 틀이 있는데, 이 모범적인 틀이 패러다임이다. 그러나 이 패러다임은 전혀 새롭게 구성되는 것이 아니라 기존의 자연과학 위에서 혁명적으로 생성되고 쇠퇴하며, 다시 새로운 패러다임으로 대체된다.(네이버 지식백과, 두산백과)

5) 이 용어는 처음 하이만(Hyman)에 의해 1942년에 쓰여졌으나, 쉐리프(Muzatafer Sherif)에 의해 그의 책 『An Outline of Social Psychology』(1948)에서 소집단에 관한 글에 도입되었다. 여기에서 그는 이 용어를 소속집단(membership group)이라는 용어와 대조하여 사용하고 있다. 소속집단은 명확히 개인이 소속되어 있는 집단을 말하지만, 준거집단은 개인의 행위에 영향을 주는 집단을 지칭한다.

물론 이 두 집단이 일치할 때도 있고 개인의 소속집단이 그 준거집단이기도 한 경우가 많다. 그러나 이러한 구분이 이루어지는 것은 개인의 행동을 지배하고 있는 규범과 기준이, 소속되고 싶지만 쉽게 참가하지 못하는 집단의 규범과 기준이기도 하다는 사실을 나타낼 때 필요해진다. 이와 같은 것은 사회적 이동성이 높은 사람들의 경우에 종종 나타난다. 그리고 이 용어는 태도형성, 적응 등을 말할 때 그 기준이 되는 집단을 가리킬 때 자주 사용된다.(네이버

지식백과, 사회학사전)

6) 재산 · 수입 · 직업 · 교육 · 종교 · 인종 · 혈연 등 객관적 조건이 동일한 사람들의 집적(集積). 사회계층은 사회성층(成層)이라고도 하며, 일종의 통계학적 집단 또는 사회적 범주이다. 학자에 따라 소득을 위주로 계층을 구분하기도 하고, 직업 지위를 위주로 구분하기도 하며, 소득 · 직업 · 교육수준을 복합적으로 고려하여 구분하기도 한다.

계층은 계급을 포섭하는 상위 개념이며, 계급은 계층의 일종으로서 계급귀속의식과 이데올로기를 공유하는 집단이다. 계층 혹은 계급은 사회구조를 이해하는 기본적 개념이며, 권력의 차등에 의해 형성되는 계급을 사회구조의 근간으로 보느냐, 기능의 분화(分化)에 의해 형성되는 계층을 근간으로 보느냐에 따라 사회에 대한 인식이 크게 달라진다.

계급을 사회구조의 근간으로 보면, 권력과 이해관계의 대립으로 착취와 사회적 투쟁이 필연적으로 발생한다고 보게 되며, 계층에 따른 기능의 분화를 사회구조의 근간으로 보면 사회화 과정을 통한 지배적 가치 패턴의 유지를 통해 사회의 질서와 안정이 유지된다고 보게 된다.

후기 산업사회에 들어와 권력과 이해관계가 뚜렷이 구분되는 계급의 양극화 현상이 줄어들고, 직업이 다양화되면서 그에 따른 수입이 사회적 지위와 권위를 결정하고 힘(power)을 부여한다고 보는 계층론이 확산되고 있다.

직업의 다양화는 횡적으로는 분야(分野)에 따른 분화를, 종적으로는 기능(機能)에 따른 분화를 초래하여 복잡한 계층화 현상을 낳고 있다. 직업의 다양화로 인해 분화된 계층들은 각기 그들 나름대로의 특이한 생활의식과 행위양식을 갖고 있다.(네이버 지식백과, 교육학용어사전)

7) 사람 또는 동물이 생활할 때 신진대사에 의하여 생리적인 평형이 깨어지므로 그것의 회복이 필요하게 된다. 이러한 상태를 요구라고 하는데, 이 요구는 행동을 일으키는 직접 요인은 아니고, 이를테면 절식에 의한 기아의 요구도 과도해지면 오히려 식행위(食行爲)를 억제하게 되는 것과 같은, 잠재적인 힘의 상태인 것이다. 이에 대해서 음식물을 요구하도록 특정한 행동으로 유도하는 것을 동인이라 한다.

행동의 대상이 되는 사물은 사람이나 동물을 매혹하거나 피하게 하는 성질을 가지고 있는데, 이 성질은 동인에 대한 유인(誘因 : incentive)이라 한다. 유인이 행동의 목표라는 의미를 강조할 때에는 동인을 동기(動機 : motive)라고도 한다. 생명 유지나 종(種)의 보존을 위한 기본적인 요구를 1차적 요구라 하고, 궁극적으로는 이것을 기초로 하면서 경험적으로 획득되는 요구는 2차적 요구라 하는데, 예를 들어 음식물을 요구하거나 위험을 피하려는 행동은 1차적 동인에서 오는 것이며, 금전이나 지위를 원하는 행동은 2차적 동인에 의한다고 한다.

동인(동기)에 의하여 발생한 행동은 목표 달성(강화)에 의하여 동인의 해소를 가져다준다. C. L. 헐은 이 과정을 동인저감(動因低減 : drive reduction)이라 불렀고 행동의 기본 원리라고 하였다. 일차적 동인에 관하여는 동물실험에서 회전상자(revolving drum) 안에서의 활동량, 장애상자에서의 장애물 통과횟수, 미로(迷路)나 스키너 상자에서의 학습효율 등에 의하여, 또한 동인과 동인 간의 강도의 비교는 유인 간의 선택률이나 유인의 상이에 의한 포화(飽和)에 이르는 시간차 등에 의하여 양적 측정이 행해진다. 2차적 동인에 관하여는 강화의 종류・양 그리고 강화스케줄의 차이에 의한 연구를 한다.(네이버 지식백과, 두산백과)

8) 인지과정 혹은 정보 처리과정의 한 형태로, 청각, 시각, 촉각 등 감각을 통해 들어오는 정보를 처리하고 저장하기 위해 그 정보를 유의미하게 만들고, 장기기억에 저장되어 있는 기존의 정보와 연결하고 결합하는 과정이다. 이러한 과정을 통해 새 정보는 작업기억에서 장기기억으로 전환된다. 부호화가 안 되면 입수된 대부분의 정보는 일시적인 저장만 가능하게 된다. 부호화 전략으로는 시연(rehearsal), 매개, 심상, 기억법 등이 있다.(네이버 지식백과, 특수교육학 용어사전, 국립특수교육원)

9) 이 말은 오래전부터 널리 쓰이는 용어로 확고하게 자리 잡고 있지만, 최근 일부 심리학자들은 과정이나 활동이 포함되어 있다는 것을 강조하기 위해 지각과정이라는 말을 사용하기도 한다. 1765년 스코틀랜드의 철학자 T. 리드는 감각을 자극으로부터 즉각 얻어지는 직접적인 데이터에 적용하고, 지각은 감각을 자극과 관계지을 수 있는 것을 포함한 보다 넓은 의식(awareness)에 적용함으로써 감각과 지각을 구별했다.

감각과 지각의 정의와 앞으로 서술할 내용은 지각 가능한 물리적 실체가 존재한다고 하는 상식적인 가정에 기초하고 있다. 그러나 물리적 실체의 존재 그 자체에 대해 철학자들 사이에서 심각한 불일치를 보이고 있다는 것에 주의할 필요가 있다.

10) 전경-배경이란 말은 흔히 전경이 앞에 있고 배경은 뒤에 있는 것처럼 사용되나 언제나 그런 것은 아니다. 전경-배경의 경계선은 전경에 부속된 것처럼 보이고, 전경은 배경에 비해 잘 정의된 형태로 보인다. 또한 전경은 배경에 비해 더 밝게 보인다.

지각을 조직화하는 데 있어 가장 기본적인 원리 가운데 하나는 배경으로부터 대상을 확인하는 것이다. 이러한 지각 조직화 원리는 "전체는 단순한 부분의 합이 아니라, 부분의 합을 초월하는 것이 있다."라고 주장하는 독일의 게슈탈트 심리학(형태심리학)에서 나왔다.

지각 조직화 원리 중에 전경-배경 분리 원리는 우리가 자극을 조직함에 있어 자동으로 전경과 배경을 구분하는 경향이 있다는 것이다. 그림이 되는 전경은 더 상세한 요소를 가지며,

덜 상세한 배경으로부터 두드러지게 드러난다. 배경으로부터 전경을 구분할 수 있는 우리의 능력은 본래적인 반응이라는 증거가 있다. 예를 들면, 이른 나이에 앞을 보지 못하다가 성인이 되어 시력을 회복한 사람들은 어떤 훈련을 받지 않았는데도 전경과 배경을 구분할 수 있다. 전경-배경 분리 규칙은 우리의 뇌가 자극을 지각으로 조직화하기 위해 사용하는 첫 번째 규칙 가운데 하나이다. 또한 전경과 배경이 갑자기 바뀌는 전경-배경 역전현상도 경험할 수 있다. 그러나 실제 세계에서 우리가 일반적으로 지각하는 이미지는 더 두드러진 모양이기 때문에 이러한 역전현상은 매우 드물다.

시야에는 수많은 대상이 널려 있는데, 우리는 동시에 그 모든 대상에 주의를 기울일 수 없도록 만들어져 있다. 때문에 순간순간의 조건에 따라 많은 대상 중 특정 대상만을 선택하여 그 선택된 대상만을 관찰할 수밖에 없다. 다행히도 우리는 특정 대상과 그 배후의 대상을 분리하는 경향성으로 이 필요성을 충족시키는 것 같다. 선택된 대상은 전경(figure)으로, 그 배후의 대상은 배경(ground)으로 구분하는 이러한 경향성을 형태주의 심리학자들은 전경-배경 분리(figure-ground segregation)라고 한다.

덴마크 심리학자 에드가 루빈(Edgar Rubin, 1915~1958)은 무엇이 배경에서 전경을 구성하게 하는지를 처음 명료화하려고 시도했다. 그는 전경이 배경보다 관찰자에게 더 가깝고 두드러진 모양을 가진다는 점에 주목했다. 루빈은 또한 역전 가능한 전경으로도 유명하다. 애매한 전경-배경 관계성은 전경과 배경이 수시로 역전되는 상황, 즉 전경이 배경이 되었다가 다시 전경이 되는 상황이다. 이런 역전성은 흔히 자발적으로 발생한다.

루빈의 컵 그림은 이 경향성을 확인해 주는 고전적 자극이다. 이 그림은 한 순간 술잔으로 보였다가 다음 순간에는 두 사람이 얼굴을 맞대고 있는 것처럼 보인다. 하지만 두 가지가 동시에 보이지는 않는다. 즉, 술잔이 전경이 되면 얼굴은 배경이 되고, 얼굴이 전경이 되면 술잔은 배경이 된다. 이 재미있는 현상에서 우리는 한 가지 중요한 사실을 깨닫는다. 자극은 변하지 않는데 지각 경험은 변한다는 사실이다. 어떻게 이런 일을 설명해야 할까?

우리는 세상을 있는 그대로 본다고 믿는다. 그러나 그 믿음처럼 지각 경험이 감각기관을 통해 받아들인 정보만으로 결정된다면 이런 일은 벌어질 수 없다. 그러므로 지각 경험은 감각기관을 통해 입력된 정보를 세상에 관한 지식을 기초로 해석함으로써 이루어지는 것이라고 해야 한다. 다시 말해, 감각 입력 정보를 분석하는 상향 처리(bottom-up processing)와 기존 지식을 기초로 그 정보에 의미를 부여하는 하향 처리(top-down processing)의 결과로 지각 경험이 결정되는 것이다.

몇몇 예술가들은 가역적 전경-배경 착시를 회화에 도입해 매력적인 결과를 얻었다. 가장 호기심을 돋우는 작가 중 한 사람이 에스헤르(M. C. Escher, 1898~1972)인데, 다음의 그림은 그의 독창적인 작품인 ⟨Sky and Water⟩이다. 또한 살바도르 달리(Salvador Dali, 1904~1989)의 ⟨Slave Market with Disappearing Bust of Voltaire⟩에서는 볼테르의 흉상이 대부분 사람들의 해석에서 압도적이며, 그림이 작을수록 특히 더 그렇다. 그러나 아주 가까이에서 볼 때는 두 수녀가 두드러진다. 볼테르와 수녀들을 동시에 보는 것은 거의 불가능하지만, 각각을 전경으로 받아들이면 아주 선명하게 볼 수 있다.(네이버 지식백과, 심리학용어사전, 한국심리학회, 위키피디아)

에스헤르의 Sky and Water I

11) 스웨덴 학자인 Richard Normann이 처음으로 사용한 Moment of truth(MOT)는 결정적 순간 혹은 진실의 순간으로 불린다. MOT란 스페인의 투우 용어인 'Moment De La Verdad'를 영어로 옮긴 것인데 원래 이 말은 투우사가 소의 급소를 찌르는 순간을 말하며 '피하려 해도 피할 수 없는 순간' 또는 '실패가 허용되지 않는 매우 중요한 순간'을 의미한다. 서비스 품질관리에서 MOT는 "고객이 조직의 어떤 일면과 접촉하는 접점으로서, 서비스

를 제공하는 조직과 그 품질에 대해 어떤 인상을 받는 순간이나 사상(事象)"을 말한다. 일반적으로 MOT는 고객이 종업원과 접촉하는 순간에 발생하지만, '광고를 보는 순간'이나 '대금 청구서를 받아보는 순간' 등과 같이 조직의 여러 자원과 직접 또는 간접적으로 접하는 순간이 될 수도 있다. 이러한 MOT는 이전에는 고객과의 접촉에 적용되던 용어 중 하나였으나 스칸디나비아 항공사 사장인 얀 칼슨(Jan Carlzon)이 그의 저서에서 접촉순간의 중요성을 강조한 이후 고객과의 접점을 표현하는 대표적인 용어가 되었다.

12) Parasuraman, Zeithaml and Berry(1985/1988)는 서비스의 품질에 대한 고객들의 평가는 결국 고객의 기대와 인지의 차이로 결정된다는 입장에서 출발하여 서비스의 결정요인 10개에 입각하여 서브퀄(SERVQUAL)이라는 척도를 개발하였으며 이는 후에 실증분석을 통하여 다시 5개 차원으로 수정되었다.

13) 컬럼비아대학 · 펜실베이니아대학의 심리학교실 창립자이다. 독일의 W. 분트의 조수로 있으면서 실험심리학을 공부하고(특히 반응시간의 연구), 이어 영국의 T. 골턴에게 개체차(個體差)와 연상(聯想)의 연구에 관해 사사한 뒤 귀국하였다. 위인의 위대함을 평정(評定)하기 위해 창안해낸 품등법(品等法)은 오늘날까지도 널리 응용된다. 제1차 세계대전 때는 평화주의자라 하여 학원에서 추방되었고, 그 후는 『심리학평론』(心理學評論) 등의 대표적인 학술지를 편집하여 학계에 공헌하였다. 학계의 재정적 기초를 확립하고 여러 학회의 회장을 역임하였다.

14) 독일 출생의 영국 심리학자. 인격(人格) 연구에 실험적 방법을 적용하였다. 또 행동요법을 세상에 널리 보급하기도 하였다. 1934년 나치스를 피하여 영국으로 건너간 후, 런던대학교 정신의학연구소 교수가 되었으며 모즐리 베츨렘 왕립병원 심리학 부문의 책임자가 되었다. 인자분석법(因子分析法)에 의해 향성(向性) · 신경질성 · 정신병성 등 세 가지 주요 차원을 바탕으로 한 인격이론을 중심으로 학습 · 동기부여 · 지각(知覺) · 약물(藥物)과 행동, 그리고 이상행동(異常行動)과 치료 등 폭넓은 연구영역을 가지고 있다. 또 행동요법을 세상에 널리 보급하기도 하였다. 주요 저서로는 『Dimensions of Personality』(1947), 『행동요법과 신경증』(1960) 등이 있다.(네이버 지식백과, 두산백과)

15) NEO-PI는 정서적 불안정성(Neuroticism), 외향성(Extraversion), 경험에 대한 개방성(Openness to experience)의 머리글자와 인성(성격)검사(Personality Inventory)의 머리글자를 딴 것이다.

16) 라이프스타일은 흔히 행동(Activity)과 관심(Interest), 의견(Opinion)을 기준으로 분류되는데, 그 머리글자를 따서 AIO분석이라고 한다. 즉 나이나 성별, 소득, 직업 등 동일한 인구통계적 집단 내에 속한 사람들도 서로 상이한 정신심리적 특성을 가지고 있을 수 있다는 정신심리적 특성을 기초로 시장을 나누는 것이다.

17) 사람들은 자신이 부딪히는 모든 상황에서 체계적이고 합리적인 판단을 하려고 노력하지는 않는다. 어느 음식점에서 식사할지, 물건을 살 때 어떤 브랜드의 제품을 살지, 새로운 사람을 만났는데 그 사람이 어떤 사람인지 등을 생각할 때 모든 정보를 종합적으로 판단하려고 한다면, 모든 정보를 모으는 것도 불가능할 뿐만 아니라 인지적으로 상당한 부담을 느끼게 될 것이다. 휴리스틱(heuristics)이란 시간이나 정보가 불충분하여 합리적인 판단을 할 수 없거나, 굳이 체계적이고 합리적인 판단을 할 필요가 없는 상황에서 신속하게 사용하는 어림짐작이다.

휴리스틱은 큰 노력 없이도 빠른 시간 안에 대부분의 상황에서 만족할 만한 정답을 도출해 낸다는 점에서 긍정적이지만, 때로는 터무니없거나 편향된 결과를 가져오기도 한다. 사람들이 대표적으로 사용하는 휴리스틱에는 다양한 종류가 있는데, 예를 들어 가용성 휴리스틱(availability heuristic), 대표성 휴리스틱(representativeness heuristic), 기준점 효과와 조정(anchoring and adjustment), 감정 휴리스틱(affect heuristic) 등이 있다.(네이버 지식백과, 심리학용어사전)

18) 관계마케팅(relationship marketing)이란 시장상황이 극도로 경쟁지향적일 때 마케팅이 지향해야 할 목표를 고객창조차원을 넘어서 고객의 유지에 두고 이를 위해서는 기존의 4P's 이외에 고객서비스, 인적자원, 과정을 추가함으로써 품질 및 서비스 리더십을 선도하여 장기적인 고객의 만족은 물론 기업의 성장을 꾀할 수 있다는 점을 강조한 마케팅이라고 볼 수 있다. 이때 추가된 과정은 독립된 마케팅믹스 요소로서, 과정관리는 서비스 품질의 개선에 필수 불가결한 것이다. 인적자원은 고객을 위해 부가가치를 창조할 수 있는 중요한 차별화 요소라는 것을 의미한다. 또한 고객서비스는 광고, 판매촉진보다 높은 비율을 나타내면서 제품이나 가격 다음으로 세 번째 순위에 놓이는 추세를 보이고 있다. 관계마케팅은 고객시장과의 보다 발전된 관계뿐만 아니라 공급자시장, 종업원시장 등과의 관계를 증진시키는 것을 고려하는 마케팅이며 생산된 제품과 서비스의 품질뿐만 아니라 각 시장과의 유대관계를 창출하고 유지하는 과정을 말한다. Engel, Warshaw 그리고 Kinnear는 경쟁이 치열한 현대의 사업환경 속에서 기업이 성공하기 위해서는 기업은 꾸준한 혁신을 이루고 고객에게 탁월한 서비스를 제공하여야 하며 이러한 기업조직의 필요성을 다음과 같이 나타내고 있다.

첫째, 기업이 남보다 뛰어난 성과와 목표를 달성하자면 기업이 어디를 향해서 가야 하며, 어떻게 갈 것인가를 뚜렷하게 밝혀야 한다. “초일류”, “세계경영”, “초우량기업” 등이 좋은 예이다.

둘째, 새로운 마케팅환경 속에서 고객 제일주의를 추구하지 않을 수 없는 오늘날 고객만족경영은 가장 중요한 기업의 이념적 지표라고 하겠다.

셋째, 창의적이며 혁신적인 변화를 추구하는 가운데 경쟁우위를 차지하며 선도적 기업의 이점을 누릴 수 있다.

넷째, 실무자의 책임의식과 개인목표와 조직목표의 조화는 목표에 의한 관리에서 싹튼다고 한다.

다섯째, 마케팅조직은 기업체 타 부서와의 상호작용과 효율적인 커뮤니케이션의 결과로 효율적인 마케팅을 수행할 수 있다.

19) BPR(business process reengineering)은 일반 담기 기업의 활동과 업무 흐름을 분석화하고 이를 최적화하는 것으로, 반복적이고 불필요한 과정들을 제거하기 위해 업무상의 여러 단계들을 통합하고 단순화하여 재설계하는 경영혁신 기법이다. BPR 추진을 위해 지켜야 하는 7원칙은 다음과 같다.

원칙 1 : 일을 업무단위가 아닌 결과 지향적으로 설계하라.
원칙 2 : 프로세스의 결과를 받는 사람이 직접 프로세스를 수행하도록 하라.
원칙 3 : 통제절차와 정보처리를 통합한다.
원칙 4 : 지역적으로 흩어진 자원을 중앙에 집중되어 있는 것처럼 취급하라.
원칙 5 : 병행업무에 대해서는 결과가 아닌 과정을 연결하도록 하라.
원칙 6 : 의사결정지점을 실제 업무가 수행되는 곳에 두고 통제를 처리과정의 일부로 만들어라.
원칙 7 : 정보는 단 한 번만 정보 발생지역에서 파악하라.(네이버 지식백과, 두산백과)

부록 : 다섯 가지 고객가치에 주목하라

장기화되고 있는 경기불황 속에서 소비 트렌드가 바뀌고 있습니다. 장기불황의 시대를 사는 고객 가치는 과거 고도성장 시대의 고객 가치와는 크게 다릅니다. 따라서 불황기 다섯 가지 고객 가치 변화에 주목해야 할 필요가 있습니다.

경제가 장기불황에 빠지면 고객들의 불안감 역시 극에 달하게 됩니다. 이 불안감을 해소하는 가치를 제공할 수 있는 기업만이 미래에도 경쟁력을 유지할 수 있습니다. 다섯 가지 가치는 느림, 현재, 주목, 실용, 원본입니다.

슬로우시티, 집밥, 삼시세끼…
'느림'의 미학

불안감은 속도 경쟁을 가속화시키기에 고객들을 빨리 지치게 합니다. 따라서 '느림'이라는 가치가 고객들에게 어필할 수 있습니다. 슬로우시티, 집밥, 삼시세끼와 같은 프로그램이 인기를 끄는 이유이기도 합니다.

지금 이 순간,
'현재'의 행복에 집중

'현재'는 장기불황으로 양극화가 심해지면서 미래의 꿈을 접고 현재의 감각적 욕구를 즐기자는 심리가 강해지면서 나타나는 가치입니다. 매운맛, 단맛 과자와 주류가 유행하고 모은 돈으로 나 홀로 여행족이 증가하는 세태가 이 가치를 반영합니다.

소외당하고 싶지 않아! '주목'받고 싶은 사람들

'주목'은 각자 자기 갈 길 가느라 바쁜 인간 세계에서 소외를 느끼는 사람들이 자신을 드러내 주목받고 싶은 욕구가 분출하면서 나타납니다. 소위 '관종'(관심자)이 유행어가 되고 셀카와 동영상으로 저마다 독특한 개성을 드러내는 것 역시 실상은 사회적 소외로부터 오는 두려움의 발로입니다.

'실용성' 뛰어난 제품이 갑(甲)

'실용'은 수입은 변변치 않지만 하층민으로 전락하고 싶지 않고 품위를 유지하고 싶다는 욕구로 인해 생깁니다. 가성비가 뛰어난 제품이 폭발적인 인기를 끕니다. 집을 사기 위해 돈을 모으기보다는 자기 자신을 위해 돈을 쓰는 '작은 사치'를 즐기는 것 역시 이 가치를 중시하는 부류에 속합니다.

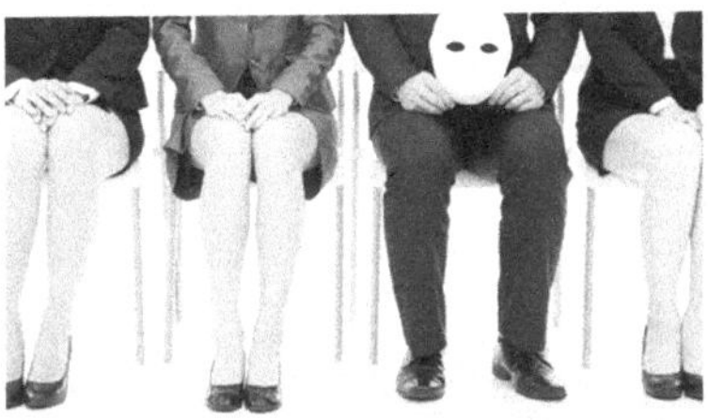

복제와 가짜가 판치는 세상 속 '원본' 찾기

'원본'은 복제와 가짜, 그리고 사기가 판치는 사회에서 '진짜'와 '오리지널'을 찾고 싶은 욕구가 표현된 것입니다. '리얼'을 강조한 다양한 야외 버라이어티 프로그램과 '복면가왕'이라는 음악 프로그램이 인기를 끌고, 제품 하자로 논란이 된 대기업의 진정성 없는 사과가 도마 위에 오르는 이유이기도 합니다.

우리 기업의 제품과 서비스는
다섯 가지 가치에 부합할까?

느림, 현재, 주목, 실용, 원본이라는 다섯 가지 가치는 경기가 불황에 빠질수록 고객이 더 많이 찾게 될 가치입니다. 따라서 기업은 상품과 서비스를 디자인할 때 이 가치들을 고려해야 합니다. 기업 스스로 자신의 제품과 서비스가 이 가치들에 얼마나 부합하는지 자문해 보시길 바랍니다.

자료(글, 그림) : KAEL(한국변화경제연구소)
http://m.post.naver.com/viewer/postView.nhn?volumeNo=6553433&memberNo=32914818&vType=VERTICAL

저자약력

권혁률

호주에서 유학하고 세종대학교에서 (관광)경영학 박사학위를 받았다. 20여 년간 대학에서 교수로 근무하면서 주요 보직을 맡았으며 부총장을 역임하였다. 관심분야는 배려, 서비스, 전략경영이다. 서비스에 관련된 전공 서적과 논문 21편이 있다.

현재 한국관광대학교 관광경영학과에서 교수로 재직 중이다.

조인환

미국항공사연합(U.S airline alliance), 노스웨스트항공(Northwest airlines) 등에서 마케팅 이사(marketing director)로 근무하였다. 세종대학교에서 (관광)경영학 박사학위를 받았으며 동 대학, 대학원에서 겸임교수를 역임하였다.

현재 백석예술대학교 항공서비스학부에서 교수로 재직 중이다. 관심분야는 항공사 전략적 제휴, 항공서비스 마케팅 등이다.

고객심리학

2020년 8월 25일 초판 1쇄 발행
2023년 7월 30일 초판 2쇄 발행

지은이 권혁률 · 조인환
펴낸이 진욱상
펴낸곳 (주)백산출판사
교 정 성인숙
본문디자인 이문희
표지디자인 오정은

등 록 2017년 5월 29일 제406-2017-000058호
주 소 경기도 파주시 회동길 370(백산빌딩 3층)
전 화 02-914-1621(代)
팩 스 031-955-9911
이메일 edit@ibaeksan.kr
홈페이지 www.ibaeksan.kr

ISBN 979-11-6567-150-1 93180
값 18,000원